EL LLIBRE DE
MERLÍ

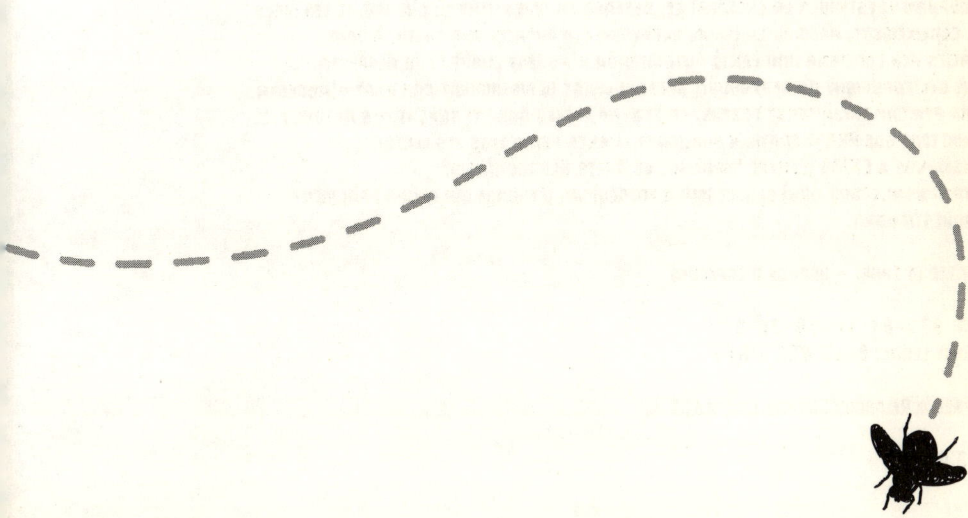

El paper utilitzat en la impressió d'aquest llibre ha estat fabricat a partir de fusta procedent de boscos i plantacions gestionades amb els estàndards ambientals més alts, els quals garanteixen una explotació dels recursos sostenible amb el medi ambient i beneficiosa per a les persones.
Per aquest motiu, Greenpeace acredita que aquest llibre compleix els requisits ambientals i socials necessaris perquè sigui considerat un llibre «amic dels boscos». El projecte «Llibre amic dels boscos» promou la conservació i l'ús sostenible dels boscos, en especial dels Boscos Primaris, els últims boscos verges del planeta.

Segona edició: setembre de 2016

Coordinació de TVC: Elena Goixens
Llibre realitzat amb llicència de la Corporació Catalana de Mitjans Audiovisuals, S.A.
Llibre basat en la sèrie «Merlí» produïda per la Corporació Catalana de Mitjans Audiovisuals, S.A.

Publicat per Rosa dels Vents, un segell de Penguin Random House Grupo Editorial, S. A. U.

Printed in Spain – Imprès a Espanya

ISBN: 978-84-16430-36-9
Dipòsit legal: B-11.828-2016

Imprès a Reinbook Serveis Gràfics, S. L.

VT 3 0 3 6 9

EL LLIBRE DE
MERLÍ

Héctor Lozano i Rebecca Beltrán

Filosofia i Merlinades que et faran trempar

ROSA DELS VENTS

Capítol 1

ELS PERIPATÈTICS

Els seguidors d'Aristòtil es deien «peripatètics» (περιπατητικός) i la seva escola es va fundar l'any 335 aC, al Liceu d'Atenes.

D'on ve el nom d'aquests pensadors? Deriva de la paraula grega περίπατος, que significa «passeig». A Aristòtil, a més de les túniques, li agradava caminar mentre donava les classes. Que feia bon temps? El mestre i els seus alumnes gaudien del sol d'Atenes. I si plovia o fotia fred, deambulaven per les galeries del Liceu atenenc, mentre Aristòtil llegia les seves ensenyances o els convidava, en veu alta, a reflexionar sobre la felicitat, la societat, la mort...

Andrònic de Rodes, Aristoxen de Tàrent, Eudem de Rodes...* Tots aquests filòsofs van formar part de l'escola peripatètica. Igual que Sàtir de ~~Xenitis~~ Calatis, un filòsof i historiador que va reunir un munt de biografies de personatges famosos i rellevants de l'època a la seva obra «Vides». Reis, oradors, poetes, estadistes, pensadors... Sàtir de Calatis va ser el biògraf més important de la seva època i si coneixem detalls de les vides de Sòfocles, Pitàgores, Èsquil o, fins i tot, de Sòcrates, és mèrit d'aquest peripatètic i dels autors posteriors que el van citar (Diògenes Laerci i Ateneu de Nàucratis); la seva obra no ens va arribar directament (vés a saber on va acabar...).

* Els filòsofs grecs es deien pel nom, que per això els el van posar els seus pares, seguit del lloc on van néixer. Com et diries si fossis un peripatètic de l'antiga Grècia? Tindries un nom catxondo tipus **Silvana d'Argentona**???

EM DIC MERLÍ I VULL QUE LA FILOSOFIA US FACI TREMPAR!

Creus que la filosofia serveix per a alguna cosa?

ESTIC FINS ALS COLLONS DE LA GENT QUE DIU QUE LA FILOSOFIA NO SERVEIX PER A RES!

El Merlí suda de controlar el seu caràcter... I tu? Saps mossegar-te la llengua quan cal o també ets dels que la lies quan obres la boca?

- [x] **Em mossego la llengua**
- [ ] **Sóc un xivato**

Pensa una estona més... Et cauries bé si et coneguessis?

- [x] **Sí**
- [ ] **No**

Afegiries a Facebook algú com tu o el bloquejaries al Whatsapp?

- [x] **Sí, l'afegiria**
- [ ] **Bloqueig TOTAL**

Fes-te una autòpsia emocional i enumera **3** virtuts i **6** defectes que tinguis. Diuen que és més fàcil dir el que fem malament que el que fem bé... A tu també et passa?

___

___

___

___ ___

___ ___

___ ___

PREPARAT PER DISCUTIR CADA DIA?

No vull problemes, vull solucions!

QUANTES VEGADES DISCUTEIXES AL DIA?
ÉS PER COSES IMPORTANTS O PER GILIPOLLADES?

VINGA, SIGUES SINCER...

QUIN PROBLEMA NO ACONSEGUEIXES
SOLUCIONAR DE CAP MANERA?

La filosofia serveix per qüestionar-se les coses. Potser per això se la volen carregar...

ÉS PERILLOSA.

Filosofia i poder tenen una TENSIÓ SEXUAL no resolta.

I TU?

Tens una tensió sexual no resolta amb algú?

--> Nota del guionista: URST vol dir "Unresolved sexual tension". La tensió sexual no resolta passa entre dos personatges que s'agraden però no arriben a follar mai. Endevina quin URST hi ha a «Merlí». La solució, d'aquí a unes pàgines...

Saps quina és la cançó que porta el Merlí al mòbil?

Es titula «El vol del borinot» (Полёт шмеля) i la va compondre Nikolai Rimski-Kórsakov per a la seva òpera *El conte del tsar Saltan*, acabada el 1900. Sí, ho has llegit bé: aquest insecte fa més d'un segle que fa soroll amb forma de corxeres i semicorxeres!!!

Nikolai Rimski-Kórsakov
(1844 - 1908)

Aquesta peça, que segur que has sentit més d'una vegada (sobretot en anuncis de remeis contra les picades de mosquit), s'interpreta a l'escena de l'òpera en què un cigne màgic explica al fill del tsar com convertir-se en un insecte per poder volar i visitar el seu pare.

SI VOLS FLIPAR, BUSCA A YOUTUBE MANOWAR + «STING OF BUMBLEBEE»... VEURÀS QUIN SOLO DE BAIX QUE ES VA MARCAR EL JOEY DEMAIO EN AQUESTA CANÇÓ!

Prefereixo riure'm de l'adversitat.

Quan un pensa, la gent el mira malament.

FUNCIONA AIXÒ DE PARTIR-TE EL CUL DEL QUE ET RATLLA?

NO ÉS FÀCIL RIURE'T DEL QUE ET PREOCUPA, PERÒ INTENTA-HO I FLIPARÀS.

Com diu el Merlí: «També li pots trobar el punt a caure malament».

T'has preguntat per què collons surt una òliba a la sèrie? Per què no tenien pressupost per a un altre ocell més gran?

Els seus grans ulls, quasi sempre oberts i atents, han fet que els maies, els egipcis i també els grecs consideressin l'òliba un símbol de la sapiència. De fet, Atenea, deessa del saber i de la guerra, va donar nom al mussol comú que viu als boscos d'Europa, l'*Athene noctua*, el seu cosí germà. Però els romans tenien un concepte molt més negatiu d'aquests ocells, tant que pensaven que veure'n un significava que aviat patiries una desgràcia o la mort d'algú proper.

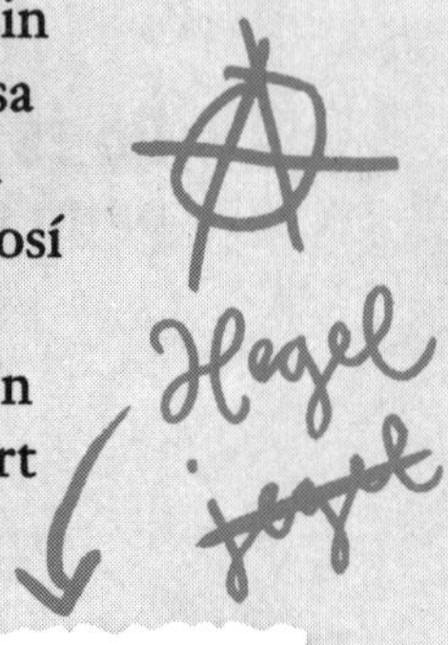

Friedrich Hegel
(1770 - 1831)

I per què sobrevola una òliba a la sèrie «Merlí»?

Potser és culpa del filòsof Friedrich Hegel, que va adoptar el mussol com a símbol de la filosofia.

SI T'AGRADA LA NIT I SEMPRE
TENS ELS ULLS MOLT OBERTS,

T'HAS PLANTEJAT MAI SI EN COMPTES D'UN BÍPEDE COMÚ ETS UNA ÒLIBA???

LA FILOSOFIA
ÉS POSAR POTES
ENLAIRE TOT EL
QUE DONEM PER
SABUT.

Quina és l'última creença que has posat potes enlaire?

Si rectificar és de savis, no creus que dubtar també ho és?

Crec que és molt important mantenir la distància entre professor i alumne.
A mi m'interessa més la distància entre professor i professor.
L'Eugeni és el tipus de professor que detesto perquè considera els alumnes els seus enemics. Quan ell entra a classe li vénen tots els mals. A mi, en canvi, em passen de cop.

Tens més professors com l'Eugeni Bosch o com el Merlí?

De fet, t'has trobat mai amb un professor com el Merlí? *

—> * Nota del guionista: Ja sé que és una putada, però a la vida real costa molt trobar profes com el Merlí... Per això l'he creat, perquè la ficció pot superar la realitat.

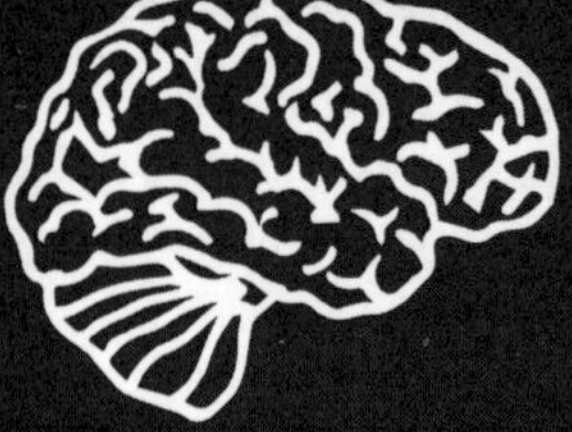

KEEP CALM AND WATCH MERLÍ

Sabries contestar a aquestes preguntes?

1. Qui som?

....

....

....

....

....

2. D'on venim?

....

....

....

....

3. On anem?

....

....

....

....

SI NO SAPS RESPONDRE-LES, POTSER ÉS QUE ETS CONSCIENT QUE LA FILOSOFIA ÉS MOLT MÉS QUE UNA ASSIGNATURA MARIA...

MENYS
DRAMA
I MÉS
FARRA!!

Vosaltres i jo
tenim dues coses
en comú: vivim
a casa de la
mama i no tenim
ni un euro...

El cervell és la cuina de l'ésser humà.

QUINA ÉS LA RECEPTA QUE EL TEU CERVELL PREPARA MILLOR?

Imaginació al poder, bípede!!!

El Merlí diu que els adolescents són com actors amateurs amb por de sortir a l'escenari per primer cop.

Pensa-hi...

Què et fot por escènica?

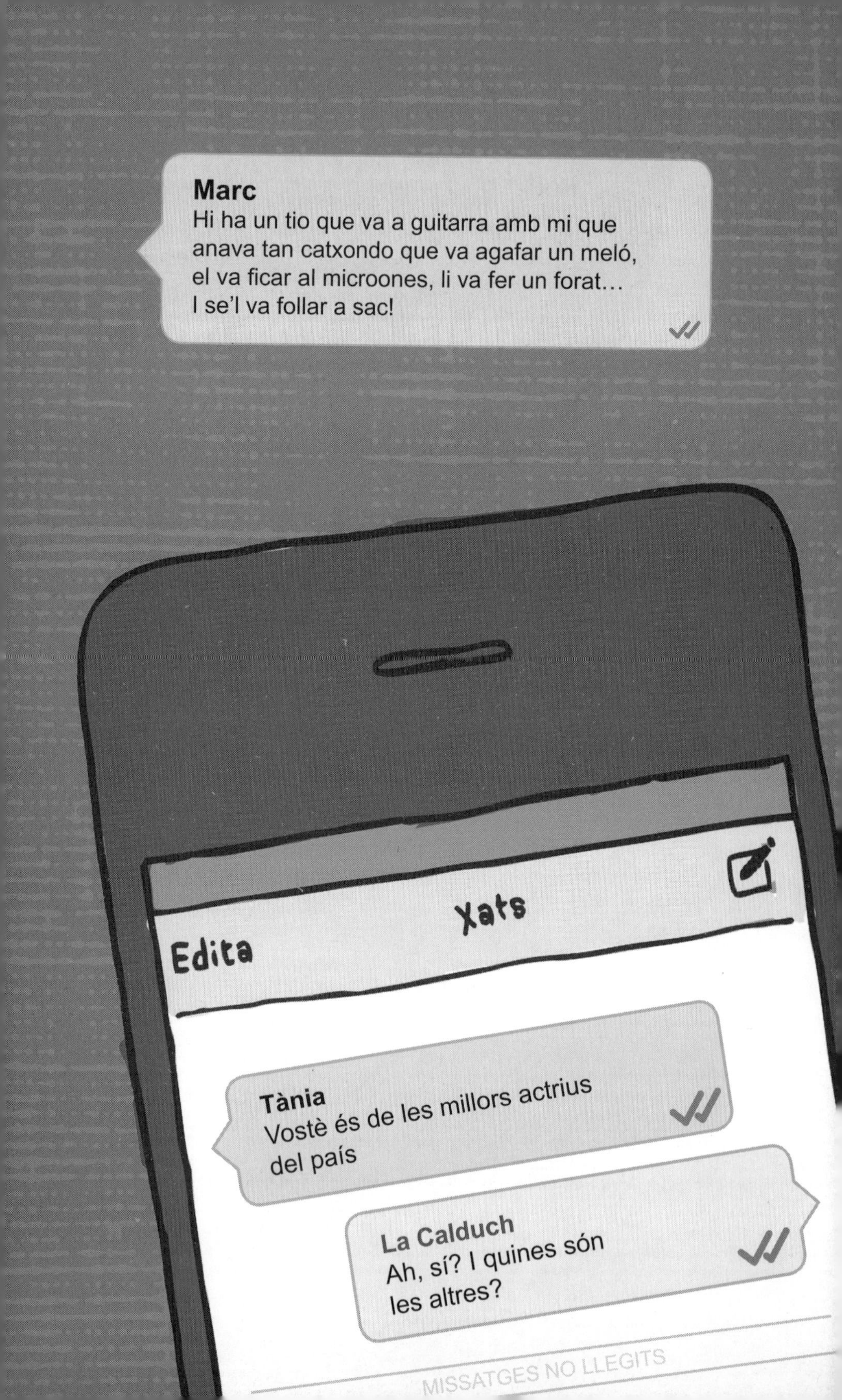
Marc
Hi ha un tio que va a guitarra amb mi que anava tan catxondo que va agafar un meló, el va ficar al microones, li va fer un forat… I se'l va follar a sac!
Xats
Edita
Tània
Vostè és de les millors actrius del país
La Calduch
Ah, sí? I quines són les altres?
MISSATGES NO LLEGITS

Pol
Si la filosofia serveix per posar en dubte allò que sabem, penso que tothom pot filosofar però que a la gent l'hi suda. No tothom vol fer-ho

Tània
Jo quan tingui nòvio també seré una mica guarra...

Gerard*
A mi sempre em mola alguna tia però elles mai es fixen en mi

→ *Nota del guionista: Sí, sí, aquest és el prota de la tensió sexual no resolta de la sèrie, que comparteix amb la Mònica de Villamore.

La queixa de l'espectador@:

L'espectador@

De debò m'he de creure que el Merlí s'ha follat en un sol capítol la profe d'anglès??? Au va, això és inversemblant, això a la vida no passa!!! No cola!!!

Respondre · 1

El guionista

Em sap greu que a tu no et passi. Salutacions.

Respondre ·

Capítol 2

PLATÓ

Plató (Πλάτων) va ser un filòsof amb uns contactes de collons a l'antiga Grècia. Va ser deixeble de Sòcrates i mestre d'Aristòtil.

ES POT SER MÉS CRAC?

Volia arribar al coneixement veritable, a l'essència de les coses... Al moll de l'os.

Tothom parla de l'amor platònic com si fos ideal, impossible. Però aquesta és una interpretació errònia del que ell anomenava «amor»: aquell impuls que porta al coneixement de la idea de bellesa. En realitat, l'amor, per ell, era un camí per arribar a una veritat absoluta.

El mite de la caverna et farà rumiar: Imagina't una cova. Dins de la cova hi ha uns homes lligats pels peus i pel coll des de fa molt de temps, que només poden mirar endavant. Darrere hi ha un mur i més enllà del mur un foc encès. Els homes que mantenen el foc fan bellugar unes figures per damunt del mur, que es projecten a la paret de la cova. Els presoners pensen que les ombres que venen reflectides són la realitat, perquè és l'única cosa que poden veure. Un dels homes aconsegueix alliberar-se de les cadenes i surt a l'exterior de la cova. El sol el cega, però a poc a poc s'acostuma a la llum i descobreix que la realitat és la de l'exterior i no les ombres de la cova.......................................

I TU?

Trencaries les cadenes i seguiries el paio que surt de la cova? O et riuries d'algú que ha vist una cosa que tu mai no has pogut contemplar?

☐ **TRENCO CADENES** ☐ **EM TRENCO EL PIT**

T'has sentit alguna vegada presoner dins d'una caverna, com l'Iván?

☐ **SÍ** ☐ **NO**

Has pensat algun cop que tot el que veus són ombres, mentides que amaguen una veritat molt diferent?

☐ **SÍ** ☐ **NO**

Des de quan la gent de la vostra edat només fa el que està permès?

QUINES COSES QUE NO T'ESTAN PERMESES T'AGRADARIA FER?

Sense censura, amb sincerität...

A LA CLASSE DEL MERLÍ FAN TRAMPES PER GUANYAR EL CONCURS LITERARI DE L'INSTITUT I ENTRE TOTS ESCRIUEN UN POEMA ERÒTIC.

I tu, t'atreveixes a fer-ho?
Deixa que surtin totes les teves fantasies sexuals, que la poesia pot fer trempar més que el perreo!!!

NOMÉS HI HA INFIDELITAT SI HI HA ENAMORAMENT.

HI ESTÀS D'ACORD O PENSES QUE SI ET POSEN LES BANYES, SENTIMENTS A PART, ÉS SEMPRE UNA INFIDELITAT?

QUAN LA BERTA MENTEIX AL POL I LI DIU QUE NO LI VE LA REGLA, CREUS QUE HO FA PER AMOR O PERQUÈ ÉS UNA MALPARIDA?

CREUS QUE EN L'AMOR TOT S'HI VAL O HI HA UNS LÍMITS? QUINS?

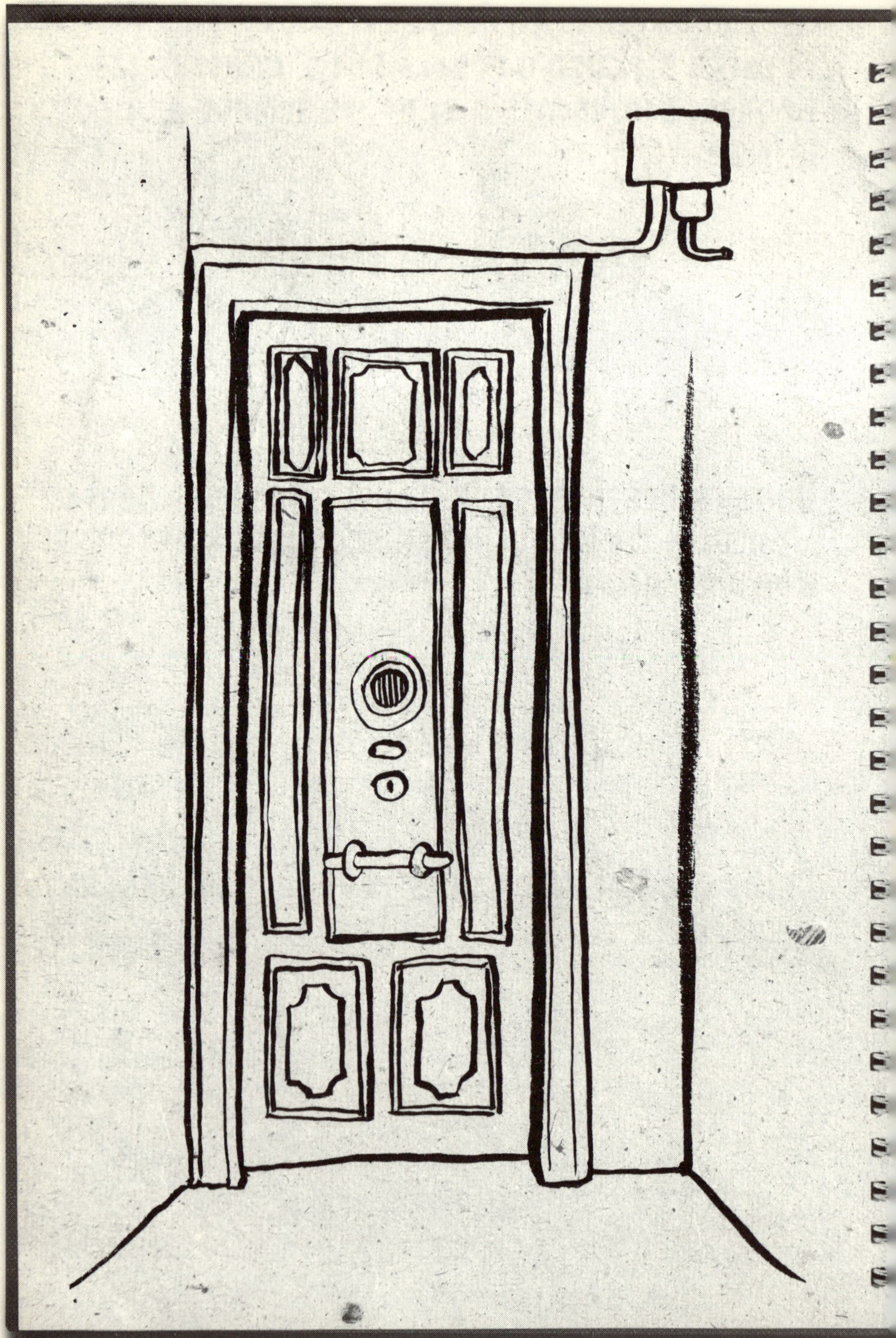

Com obres les portes tancades, tu?

El Merlí ho fa dialogant i amb l'Iván no li ha anat gens malament.

Sempre acusen el Merlí de ser un manipulador. També ho veus així?

☐ Sí ☐ No

Quina creus que és la diferència entre manipular i convèncer?

....

....

....

....

....

....

....

....

....

....

El Merlí regala al Bruno *El Banquet* de Plató i li diu que en aquesta obra el filòsof descriu moltes formes d'estimar. Sabries enumerar quantes formes d'estimar hi ha?

Creus que és un nombre finit o infinit?

EL DIRECTOR DE L'ÀNGEL GUIMERÀ DIU AL MERLÍ QUE HA D'ESTAR AL SERVEI DE L'INSTITUT, NO L'INSTITUT AL SEU SERVEI.

—> Nota del guionista: Aquesta frase me la van dir fa molt temps, quan treballava en una altra sèrie. Com que jo anava al meu rotllo, em van dir "Héctor, has d'estar al servei de la sèrie, no la sèrie al teu servei". Com veieu, les idees surten de molts llocs... i per ser guionista va bé tenir memòria ;)

Què passaria si fos així, si el sistema educatiu estigués al servei dels profes i dels alumnes i no al contrari?

Creus que seria millor o que seria un puto caos?

Que les coses siguin d'una manera no vol dir que no es puguin canviar.

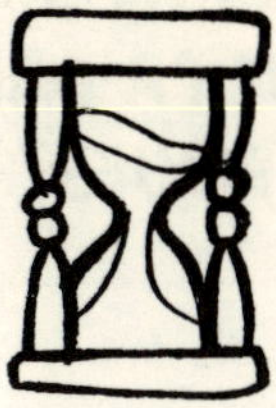

TENS 10 SEGONS PER ESCRIURE LES 3 COSES QUE CANVIARIES ARA MATEIX. COMENÇA EL COMPTE ENRERE!

1

2

3

Per què creus que al Bruno li fa pal que se sàpiga que fa dansa? Perquè ballar és de mariques?

Creus que fa mandra que aquests estereotips continuïn vigents?

DONCS ACTUA I REBEL·LA'T!

QUAN EL BRUNO RECULL EL PREMI DEL CONCURS LITERARI, PER QUÈ CREUS QUE EL MERLÍ HO EXPLICA TOT I FA QUE EL SEU FILL FACI EL PAPEROT?

Marc

Tu vas a una tia i li dius: Pinto els meus anys amb la bellesa dels teus dies (*)... I te la folles!

→ Nota del guionista:

(*) Per cert, és un vers d'un sonet de Shakespeare, un autor que et pot semblar un pal però amb qui lligues a sac si t'aprens quatre o cinc versos. De res pel consell...

La Calduch

Puja aquí dalt, que veuràs Canterbury

Bruno

Fill teu?

No!

Vull una prova d'ADN!!!

La queixa de l'espectador@:

L'espectador@

Aquest home no segueix el temari! Plató a primer de batxillerat no s'explica! A més, les classes duren molt poc!!! No cola!!!

Respondre · 1

El guionista

M'estàs dient que perquè sigui creïble he de posar una classe de 10 minuts? 15? 50? I a sobre he de cenyir-me al temari avorrit de primer? Sisplau, no et facis mai guionista.

Respondre ·

Capítol 3

MAQUIAVEL

COM HAN ARRIBAT ELS RICS I ELS PODEROSOS A SER ON SÓN?
SÓN MÉS INTEL·LIGENTS? MÉS GUAPOS?

BAH, RES D'AIXÒ... MAQUIAVEL RESPONDRIA: «PERQUÈ SÓN MÉS MALVATS».

SI VOLS TENIR ÈXIT A LA VIDA, ALESHORES TREPITJA ELS ALTRES. PODRÀS ASSOLIR L'ÈXIT DE MANERA POC HONROSA PERÒ NO PASSA RES MENTRE ARRIBIS ON VOLS ARRIBAR. PENSA QUE ELS QUI ENGANYEN TROBEN SEMPRE GENT QUE ES DEIXA ENGANYAR.

Maquiavel
(1469 - 1527)

QUI ÉS AQUEST FILÒSOF?
UN PAIO MOLT INTEL·LIGENT, UN VISIONARI, UN MALPARIT DE PRIMERA?

Maquiavel (Florència, 1469-1527) va ser un dels pensadors més rellevants del Renaixement a Itàlia, sobretot pel seu tractat polític titulat «El Príncep», on considera que el poder de l'Estat està per damunt de tot. Fins al punt que en una situació límit el poder pot recórrer de manera legítima a la crueltat i ~~a la mentida~~ a l'engany.

Amb aquesta obra, Maquiavel va destacar dues qualitats que havia de tenir tot príncep: virtut per prendre bones decisions i fortuna per conquerir tots els territoris que ambiciona. Un equilibri difícil, oi?

Aquest filòsof diu les coses tal com són: que la força és la força, la violència és la violència i la mentida és la mentida.

I que tampoc no cal dissimular-ho amb ideals massa bonics.

En definitiva, Maquiavel defensa el mal per salvar l'Estat.

CREUS QUE TOT AIXÒ CONTINUA VIGENT? QUE EN LA POLÍTICA TOT S'HI VAL PER FICAR EL CUL A LA CADIRA DEL GOVERN? MARCA UNA DE LES OPCIONS:

☐ **SÍ** ☐ **SÍ**

La filosofia és més important que les mates o la literatura.

QUINA CREUS QUE ÉS L'ASSIGNATURA QUE MÉS ET SERVIRÀ A LA VIDA?

I LA QUE PODRIES ESTALVIAR-TE?

Podeu fer servir el temari per eixugar-vos el cul.

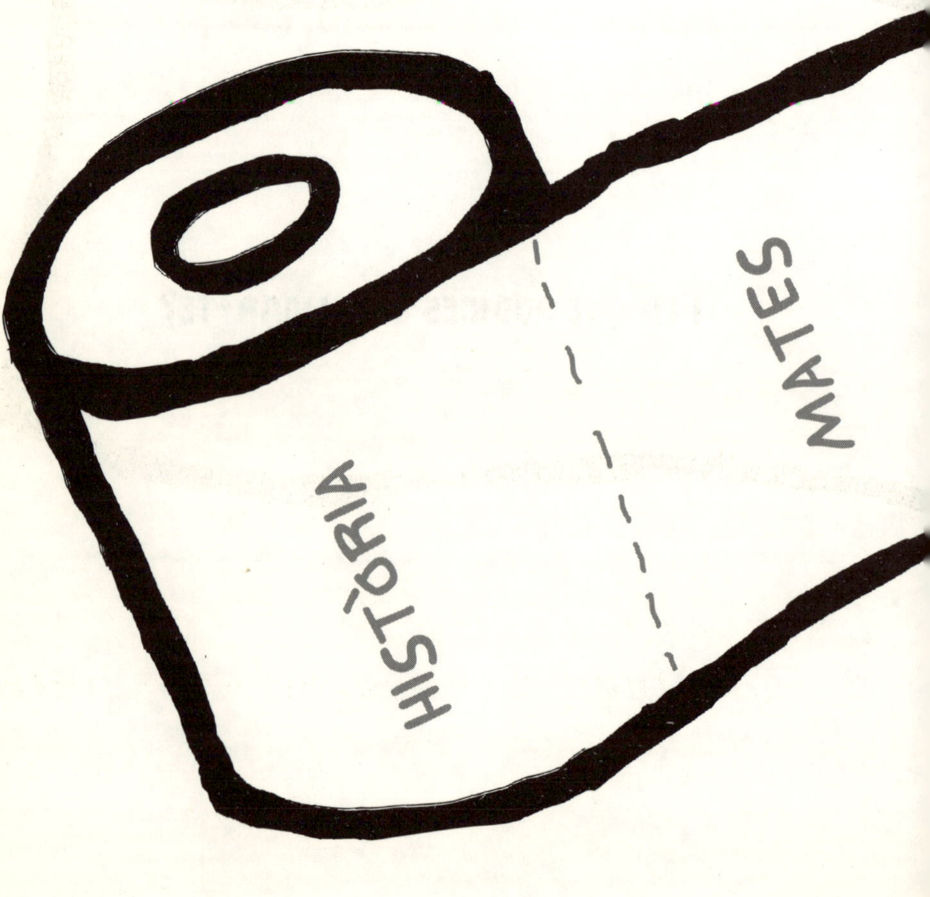

AMB QUIN PAPER SUPERIMPORTANT T'EIXUGARIES EL CUL AMB MOLTES GANES?

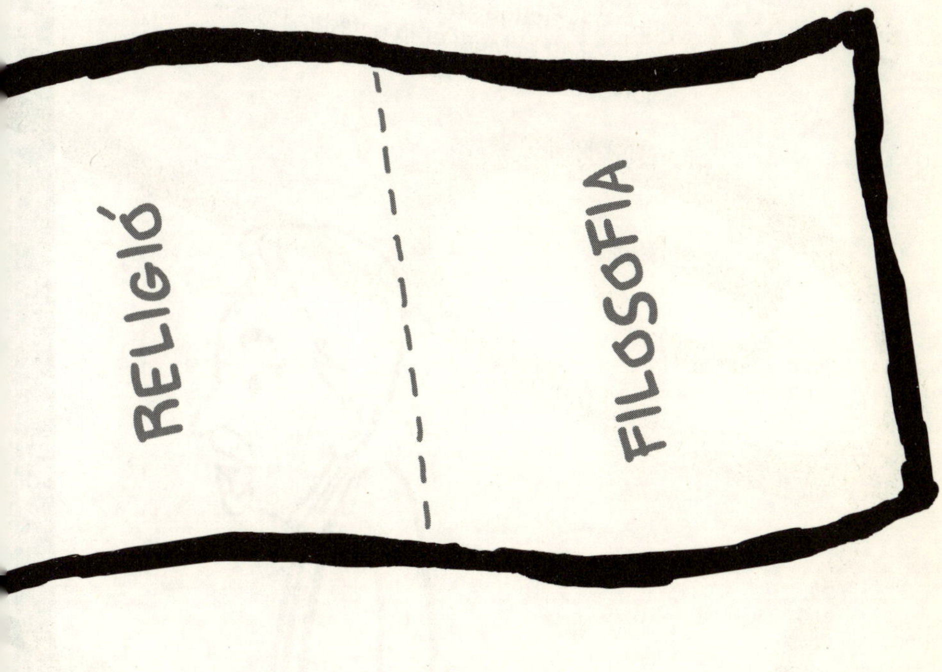

Ningú no mira, pots ser sincer...

La queixa de l'espectador@:

L'espectador@
Fa molts anys que em dedico a la docència, i el Merlí no és versemblant. No som així els professors, ens hem de cenyir a un temari, això no s'ho creu ningú!

Respondre · 1

El guionista
La ficció sempre és diferent de la realitat. A la majoria dels espectadors els agrada veure personatges o fets extraordinaris. A tu no, a tu el Merlí et fa enfadar. Potser voldries ser un professor com ell…

Respondre ·

Els alumnes li diuen Hitler, a l'Eugeni, cap d'estudis, professor de llengua catalana i una mica malparit.
Fes una llista dels noms que heu posat als profes, i una altra amb els malnoms que teniu a classe i inclou-hi també el teu, si en tens (t'ho has preguntat mai?).

Un professor, un company de classe... Algú et té mania?

DEIX QUEIX

A DE
AR-TE!!!

FES CAS AL MERLÍ, ACCEPTA LA
SEVA MEDIOCRITAT, PASSA D'ELL...

Jo crec que l'Eugeni no folla. Ho dic en serio: si follés, ens aprovaria a tots.

POL

QUINS DELS TEUS PROFES CREUS QUE TENEN UNA VIDA SEXUAL QUE FOT PENA?

Creus que quan folles tant com vols et canvia el caràcter?

O és al revés? Que quan no folles tant com vols és quan estàs de mal humor?

QUAN EL GERI S'ACOSTA A LA MÒNICA PER INTENTAR LLIGAR AMB ELLA LI DIU LA FRASE MÉS PATÈTICA DE LA HISTÒRIA DE LES FRASES PATÈTIQUES:

No tens calor amb aquest jersei?

QUAN HAS ENTRAT A ALGÚ AMB UNA FRASE DE MERDA O T'HAN ENTRAT A TU? QUINA FRASE ERA?

Frase de merda

El que ha llançat el Gerard no hi és, perquè ha caigut a terra... És molt dolent.

Aquí fora hi ha el món dels vius. No oblidis que tu també en formes part.

Merlí

Has sentit algun cop que no formaves part del món, que tot el que t'envoltava no tenia res a veure amb tu? Quan? No s'hi val dir «quan vaig agafar un avió i estava a no sé quants metres d'altura» o «quan em vaig quedar sord per una otitis»...

El Bruno diu al Pol que té 500 amics a Facebook, però d'íntims només en són 70. No creus que en són massa per ser íntims de debò?

Quants diries que en tens tu i què els diferencia de la resta dels amics més llunyans i coneguts?

Això no és com els jocs de la Play, Iván. Només tens una vida!!! MERLÍ

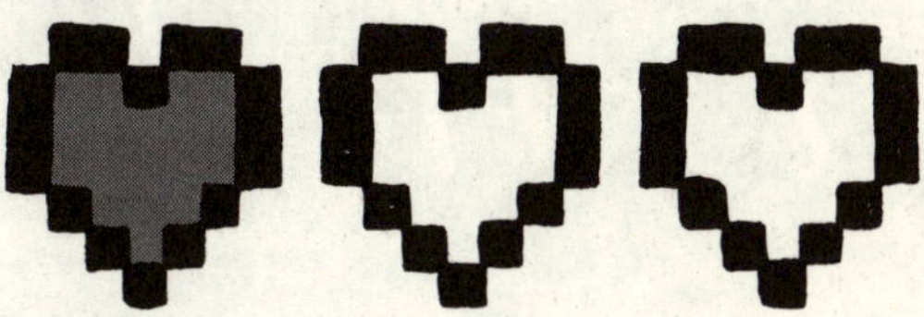

... I TU TAMBÉ, NO EN TENS CAP MÉS.
EN QUÈ CREUS QUE LA MALBARATES?

T'AGRADARIA TENIR-NE MÉS D'UNA O AMB
UNA N'HI HA PROU?

La família és la que toca; als amics els tries.

POL

QUINS MEMBRES DE LA TEVA FAMÍLIA NO HAURIES TRIAT (SI FOS POSSIBLE, ÉS CLAR) I QUINS AMICS SENTS COM SI FOSSIN DE LA FAMÍLIA?

Podries inventar-te alguna cosa per ajudar el Bruno, Merlí. Fes el que calgui perquè aprovi... Encara que el professor hagi de tenir un accident.

La Calduch

La Calduch es posa maquiavèl·lica quan el seu nét li explica que l'Eugeni l'ha suspès perquè no suporta el Merlí.

Confessa quan has estat maquiavèl·lic... Alguna vegada has manipulat o has fet alguna putadeta (o putada grossa!) per aconseguir alguna cosa?

Hermann Hesse
(1877 - 1962)

LA MÒNICA DE VILLAMORE DEIXA AL GERARD «EL LLOP ESTEPARI» DE HERMANN HESSE. SI ARA HAGUESSIS DE REGALAR UN LLIBRE A ALGÚ, UN D'AQUELLS QUE T'HAN APASSIONAT, QUIN SERIA?

L'Eugeni em provoca més urticària que els turistes.

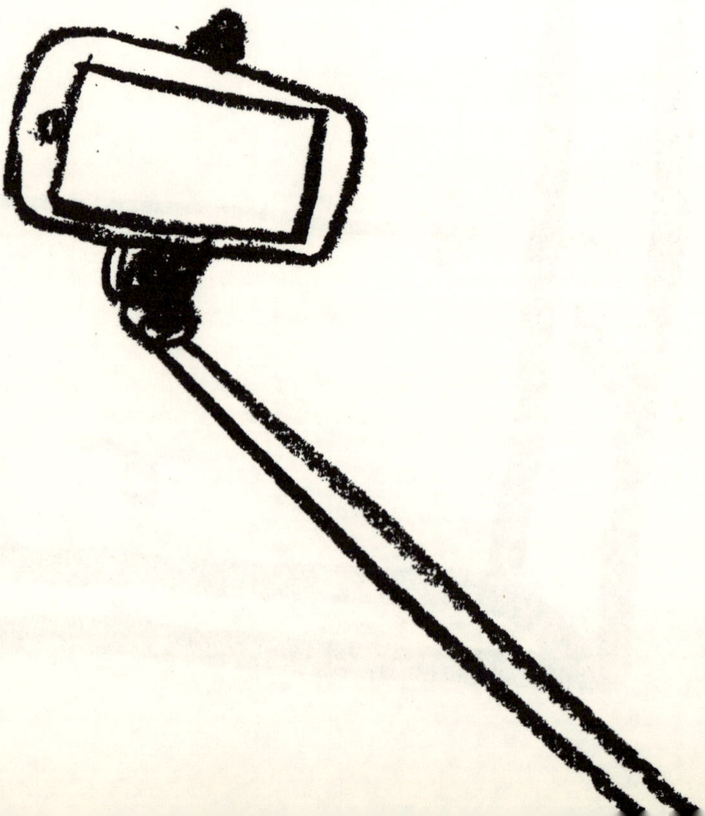

Què et fot urticària?

--> <u>Nota del guionista:</u> Aquesta frase és autobiogràfica, no suporto els turistes. Ho heu d'entendre, visc al centre de Barcelona, i ens tenen rodejats.

El Bruno i la Tània s'emprenyen perquè ella l'avisa que tingui cura amb el Pol, que no és com ell. A tu també et puteja que et diguin les veritats a la cara?

Prefereixes que et diguin les coses amb tacte o la veritat a sac, sense embuts?

Alguns consells per dir coses amb tacte:

A sac	Amb tacte
Tens un 3 de l'examen.	Tens un 3... no home, no. Un 4!
Tallem, no et suporto.	M'estic replantejant la relació. Crec que no ens acabem d'entendre...
S'ha mort la teva àvia.	La teva àvia... no s'ha trobat bé... I els metges no han pogut fer-hi res per salvar-la.
Fas pudor.	No sents una olor peculiar? De què deu ser...?
Estàs acomiadat.	Estem molt contents amb la teva feina, però a partir del mes que ve, no et renovem el contracte.

Bruno
No tenies un germà?

Pol
Sí, sí, l'idiota. També li diem Óscar

Gina

Ja ens infravaloren prou a fora perquè nosaltres també ho fem

La Calduch

Que torni l'EGB, si us plau!

Bruno
Un quatre de català…

Merlí
Collons! Felicitats!

La Calduch

Tens un sentit de l'ètica molt elevat, Bruno. Amb els anys es va perdent

Pol

A casa meva sóc el raro perquè estudio. D'acord, he repetit dues vegades, però estudio…

Pol

Venir a casa teva, Bruno, em dóna bastant morbo… Mai he estat a casa d'un profe

La Calduch

Beckett, Miller, Brecht… I passes a la història per un anunci de paté

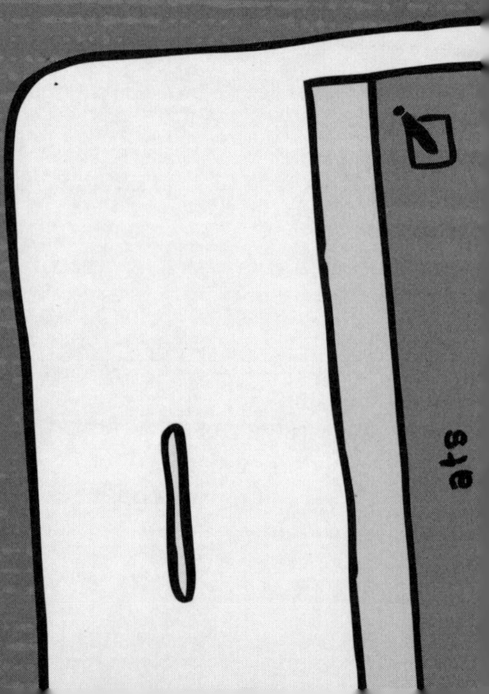

Gerard
M'he enamorat vuit vegades i aquesta és la definitiva
Bruno
Iaia, sincerament, no creus que en aquesta casa hi ha un excés de teatre?
Gina
He anat a veure l'advocat. Aviat signaré el conveni amb el capullo del teu pare
Gerard
Mama, si us plau, no li diguis pare…

Capítol 4

Aristòtil
(384 - 322 aC)

ARISTÒTIL

JUSTÍCIA I EUDEMON

Aristòtil deia que l'home és un ésser social: sense amics no es pot assolir l'EUDEMONIA (εὐδαιμονία) o, com diem els que no hem nascut al segle IV aC, la felicitat. Per Aristòtil la recerca de la felicitat era la finalitat de la vida. Avui l'hem convertit en una obsessió malaltissa... Ens pensem que és un dret que tenim! Alguns diuen que la felicitat està en les petites coses: els ocellets que canten, l'olor del cafè al matí...

UNA MERDA! AIXÒ NO ÉS FELICITAT!

Aristòtil deia que la felicitat és una aspiració i no un dret. Aquest filòsof grec deia que si voleu ser feliços...

→ **Us ho heu de currar!** ←

A més, res de queixar-se abans d'hora: només al final de la vida pots dir si has estat feliç o no.

La justícia, segons Aristòtil, és un terme que es troba entre dos extrems i cada extrem és la injustícia: tan injust és que cometis una injustícia amb algú com permetre que algú la cometi amb tu. I sense justícia no hi ha **eudemonia**.

HAS ESTAT INJUST AMB ALGÚ O HAS PERMÈS QUE ALGÚ HO FOS AMB TU?

JUST

HE FOTUT A ALGÚ

EN EL TEU CAS, QUIN SERIA EL PUNT CENTRAL ENTRE ELS DOS EXTREMS?

ÍCIA

M'HAN FOTUT

INVENTA'T DEFINICIONS CURSIS I FALSES DE LA FELICITAT, COM ARA «OBRIR LA FINESTRA I RESPIRAR AIRE PUR» O «DESPERTAR AL TEU COSTAT» O «L'AROMA DE LES FLORS A LA PRIMAVERA»...

QUÈ SENTS QUAN ETS FELIÇ?

NOMÉS POTS SER FELIÇ O INFELIÇ, O HI HA MÉS MANERES D'ESTAR ENMIG D'AQUESTES DUES SENSACIONS?

FELIÇ

INFELIÇ

εὐδαιμονία

ESCRIU QUÈ ÉS LA FELICITAT EN UNA SOLA PARAULA O FRASE, COM DEMANA EL MERLÍ ALS PERIPATÈTICS, TOT I QUE EN COMPTES DE FER-HO NOMÉS UN DIA FES-HO DURANT UN MES.

GUARDA TOTS ELS PAPERS EN UNA CAPSA I TRENTA DIES DESPRÉS REPASSA LES DEFINICIONS.

AL FINAL VEURÀS QUE LA FELICITAT NO ÉS RES ESTÀTIC, SEGUR, INVARIABLE... SINÓ UN SENTIMENT QUE OSCIL·LA SEGONS LES CIRCUMSTÀNCIES.

--> Nota del guionista: La felicitat no és comercial. Ningú no miraria una sèrie en la qual els personatges fossin feliços. A la vida busquem la felicitat, en les sèries ens hi volem veure reflectits, és a dir: en les sèries volem veure'ns reflectits en personatges infeliços.

EL BRUNO I EL POL ACONSEGUEIXEN (ÉS UNA FORMA SUAU DE DIR-HO...) L'EXAMEN DE CATALÀ I ESTUDIEN PER TREURE UN 10.

SÍ, D'ACORD, TENIR L'EXAMEN ÉS UN GRAN AVANTATGE PERÒ...

DE VERITAT CREUS QUE ELS EXÀMENS SÓN LA MILLOR MANERA D'AVALUAR ELS CONEIXEMENTS?

☐ Sí ☒ No

SI PENSES QUE NO, COM HO FARIES SI FOSSIS PROFESSOR?

El Pol es queda a dormir a casa del Bruno i no pot estar-se d'acaronar-lo... Ets bo resistint la temptació o ets com el Bruno, et dominen els sentiments?

LA GINA ES CABREJA QUAN DESCOBREIX QUE EL PARE DEL GERARD LI INGRESSA 200 EUROS MENSUALS DE PAGA. ET SEMBLA MASSA?

☐ Sí ☐ No

En què t'ho gastaries?
Fes una llista aquí sota...

Aquesta llista que has escrit,
ESTÀ PLENA DE COLLONADES «Y LO SABES»!

NO SÉ QUÈ PASSA EN AQUESTA FAMÍLIA QUE TOTHOM DÓNA LA NOTA.

I la teva família? En què es fa notar?
Tens algun familiar que et fa sentir vergonya aliena?
El nòvio de la teva germana fent un comentari inoportú al teu pare?
L'idiota del teu tiet discutint amb un cambrer?
La tieta àvia pesada que et fa petons davant de tothom com si encara tinguessis cinc anyets?

Imagina't celebrant un Nadal en un restaurant petat de gent...
Què podria passar que t'avergonyís?
Ha passat de veritat?

DESPRÉS DE BARALLAR-SE AMB EL POL, EL BRUNO DIU A LA TÀNIA QUE ÉS

una puta gorda que no para de taladrar!!!!!

I DESPRÉS, ÉS CLAR, SE'N PENEDEIX PERQUÈ S'HA SEMAT MOLT...

T'HA PASSAT MAI RES SEMBLANT?

CREUS QUE QUAN A ALGÚ SE LI'N VA L'OLLA PERQUÈ ESTÀ CREMAT L'HAS DE PERDONAR O PENSES QUE TOT I AIXÒ S'HA DE CONTROLAR?

Hi ha una tendència generalitzada a no expressar el que pensem. Jo me la salto.

I TU, TENS OUS DE SALTAR-TE-LA O ENCARA ET FA PAL DIR SEGONS QUÈ?

CREUS QUE SEMPRE S'HA DE SER SINCER AMB ELS TEUS SENTIMENTS O QUE HI HA COSES QUE ÉS MILLOR GUARDAR-SE-LES PER A UN MATEIX?

Hi ha moltes
persones que
s'agraden i
no s'ho diuen
mai.

Merlí

Merlí
Ningú no em va veure,
no hi ha cap prova…

Bruno
Papa, ets una prova amb potes

Pol
El treball és un
putu esclavatge.
Només fa falta que miris
la gent pujant al metro cada
matí, que foten unes cares…
Es pot ser feliç
treballant?

La Calduch
Merlí?

Merlí
Sí, sóc jo. Tens els ous d'un oficial prussià!

Gerard
A mi en general tot em va
bé… Però tampoc sempre.

Pol

No t'has preguntat mai què t'hauria passat si haguessis nascut en una altra família?

Assistent del teatre
Aquí no es pot fumar
Que t'importaria apagar el cigarro, si us plau?

La Calduch
Oi, que ets maca…
Per què no te'n vas a prendre pel cul?

Gina

És el teu estil, Merlí, saltar-te les normes.

La Calduch

Sigui qui sigui l'alumne que t'ha salvat l'hauràs de cuidar molt bé. És un heroi mitològic… D'aquests ja no en queden.

Bruno
No érem amics tu i jo?

Pol
No com tu voldries

Capítol 5

SÒCRATES

Mestre de Plató, Sòcrates, conegut a casa seva com Σωκράτης, va ser una mena de Merlí a l'antiga Grècia.

La filosofia de Sòcrates no és una acumulació de coneixements: el que ell volia era posar en dubte el que es tenia com un coneixement inamovible. Plantejar-s'ho tot, de dalt a baix. De fet, es va qüestionar tants temes importants (es va atrevir fins i tot amb la idea de Déu) que va ser acusat de ficar idees al cap dels joves, quan ell en realitat l'únic que feia era demanar-los que dubtessin.

Quan van dir a Sòcrates que era el més savi de tots els atenencs, va desconfiar i va anar a preguntar a altres savis en què consistia el saber... I va veure que no en tenien ni idea. I què va fer? Va deduir que ell, com a mínim, sabia una cosa: «Només sé que no sé res». La manera que tenia de fer veure als altres que tampoc sabien res és la MAIÈUTICA (μαιευτικη), que no és una marca de malles, sinó un camí per extreure les teves pròpies conclusions, de no fiar-te de les alienes.

La manera de pensar de Sòcrates va ser molt revolucionària i això va molestar els poders d'Atenes, que van condemnar-lo a mort. Él van acusar de corrompre els joves i de posar en dubte l'existència dels déus (ja veus que el tema de les divinitats sempre ha estat molt espinós...). I ell l'únic que volia era **QÜESTIONAR LES IDEES QUE LI IMPOSAVEN!!!!**

Sòcrates va tenir l'oportunitat de retirar les seves paraules per salvar-se, però no ho va fer: les va portar fins a les últimes conseqüències i va ser condemnat a beure's un got de cicuta, un verí mortal que s'extreu d'una planta molt semblant al julivert, però que en lloc de decorar plats, es pot carregar un ésser humà en qüestió de segons.

Sòcrates
(470 - 399 aC)

Us està bé el que els vostres pares us han inculcat creient que és el millor per a vosaltres? No deixeu que ningú us imposi la manera de pensar. Ja sou prou grans per pensar per vosaltres mateixos!

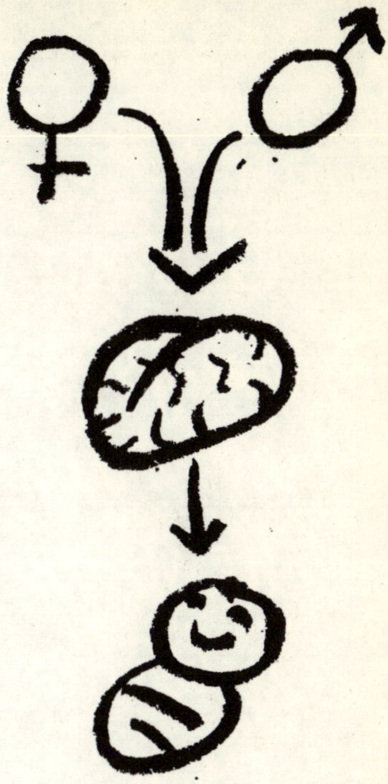

En què creus que t'han imposat una determinada idea?

Quina part de la teva filosofia de vida creus que és teva al 100% i quina heretada dels teus pares?

100% meva	Dels pares

Fa més de dos mil
anys que el poder
ens diu el que
hem de fer i el
que hem de pensar.
Ens volen submisos
i silenciosos... Doncs
que se'n vagin a la

MERDA!

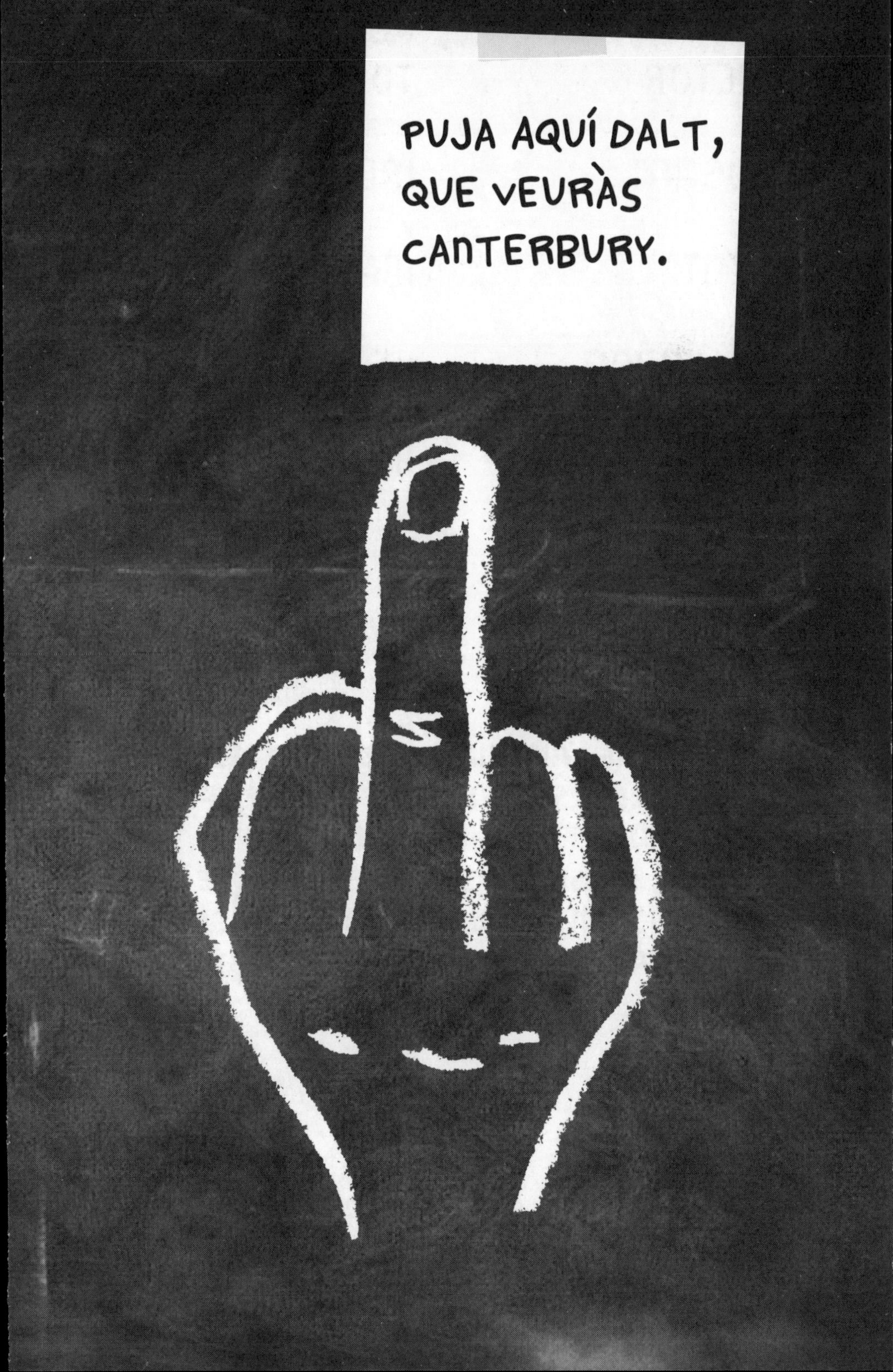
PUJA AQUÍ DALT,
QUE VEURÀS
CANTERBURY.

AMB QUINES D'AQUESTES PARAULES DEFINIRIES EL MERLÍ?

SEDUCTOR	TOSSUT
DIALOGANT	IRÒNIC
PACIENT	MANIPULADOR
ESTALVIADOR	INTEL·LECTUAL
JETA	MAL EDUCAT

ASSENYALA AMB UN ALTRE COLOR LES QUE VOLDRIES QUE LA GENT UTILITZÉS PER DESCRIURE'T A TU. QUAN LES TINGUIS TOTES, PENSA QUÈ ESTÀS FENT PERQUÈ ET CONEGUIN D'AQUESTA MANERA... SEURE AL SOFÀ?

CONSENTIT

INGENU

REFLEXIU

FUCKER

HONEST

MALPARIT

INTEL·LIGENT

DESCARAT

EDUCAT

CIGALERU

Espavila't bípede, que tens molta feina!

Merlí

QUAN EL JOAN DIU QUE NO S'HA PENJAT EL MARRÓ DE L'EXAMEN ROBAT PEL MERLÍ SINÓ PER ELL... QUÈ ENTENS? CREUS QUE UN GEST AIXÍ ES POT FER DE MANERA EGOISTA?

Joan

Jaume Capdevila

EL PARE DEL JOAN ACUSA EL MERLÍ DE RENTAR EL CERVELL AL SEU FILL... CREUS QUE TÉ RAÓ?

☐ SÍ ☐ NO

QUINA ÉS LA DIFERÈNCIA ENTRE MANIPULAR A ALGÚ O DONAR-LI ALES PER PENSAR I ACTUAR SENSE LÍMITS?

M

Només vull que els alumnes pensin lliurement.

Per què sorprèn tant la manera que té el Merlí de donar les classes i tractar els seus alumnes?

Qui creus que és més perillós: un franctirador o un lliurepensador?

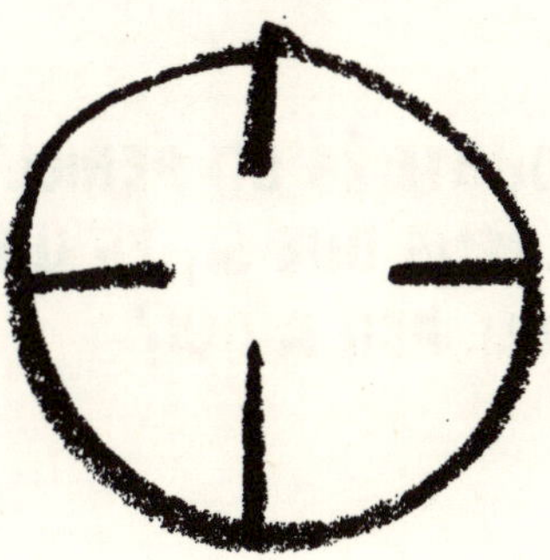

El dubte és un perill?
Si creus que sí, és un
perill per a qui?

Una de les mooooltes coses que el Merlí no suporta és la mediocritat.

La saps identificar?

T'hi sents còmode o prefereixes fugir-ne?

La Berta fa a la Tània la putada d'enrotllar-se amb el Marc davant dels seus morros. Has fet res semblant a un amic/amiga?

☐ Sí ☐ No

Quina és la teva part cabroneta?

- -

- -

- -

- -

El Merlí sap molt bé com fer que l'Iván surti de casa:

DONAR-LI CONFIANÇA.

La confiança és la millor crossa per caminar per la vida.
Quan creus que te n'ha faltat una mica per atrevir-te a fer un pas?

A vegades és difícil saber l'olor d'una dona; el perfum l'espatlla.

Merlí

QUINA OLOR FAN LES PERSONES QUE ESTIMES? TANCA ELS ULLS, INSPIRA PROFUNDAMENT I RECORDA LA SEVA AROMA.

--> T'explico un secret: Aquesta olor t'acompanyarà tota la vida.

Una de les coses més guapes de l'amistat és que pots demanar perdó sense parlar, només amb un gest, una mirada, una carícia... Com el Bruno i la Tània.

Amb qui tens aquesta connexió de sentiments via wifi, sense necessitat de cables?

Iván

No entenc per què existeixen els reis. Si els hem posat allà, també els podríem treure.

Tània

Avui la gorda té un bon dia. Prefereixo estar envoltada de gent que em respecta.

Iván

Estic fart de la puta tele… Com més imbècil ets més famós et fas. Però si tens dues carreres, te n'has d'anar a treballar a l'estranger.

Merlí

Tens alguna idea formada de política?

Iván

Penso que hauria de tornar la guillotina

Tània

El primer dia de classe vaig pensar… Me'l follaria!

Marc

Berta, Tània, Mònica… Totes tres sou formes belles de la naturalesa.

Merlí

Ets un heroi grec, Joan, per tu sacrificaria deu bous i organitzaria uns Jocs Olímpics per a tota la polis.

Merlí
Herodes s'equivocava: no eren els fills a qui s'havia de matar… Eren els pares! (*)

* Nota del guionista: Aquesta frase la va proposar l'actor protagonista, el Francesc Orella, en un assaig.

Gina
Definitivament, no estàs bé del cap

Merlí
El que no està bé del cap és el teu ex, que et va deixar per una altra

Capítol 6

SCHOPENHAUER

Segons Schopenhauer (1788-1860), l'home és una criatura fastigosa. Desitjar la immortalitat de l'home és desitjar la perpetuació d'un gran error. Com és possible que l'home pugui ser corrupte, torturador, assassí, organitzi guerres...?

Per què som així de fills de puta?

Schopenhauer respondria que som així perquè la intel·ligència ens dóna la capacitat de fer mal. Segons aquest filòsof, els animals no són cruels en si mateixos, però l'home sí perquè s'ha de ser intel·ligent per voler mal a algú.

Schopenhauer deia que l'únic que existeix al món són els desitjos: desitgem una persona o una cosa, però quan la tenim ens en cansem i en volem una altra. Per què passa això? Quines conseqüències porta el fet que els nostres desitjos no s'arribin a satisfer mai?

Ell considerava que la vida és essencialment patiment.

Què desitgeu
vosaltres,
petites criatures
FASTIGOSES?

Schopenhauer
(1788 - 1860)

Per Schopenhauer, l'única manera de combatre el patiment és optar per l'absència de desig.

CREUS QUE VAL LA PENA? A QUÈ PODRIES DIR QUE NO I A QUÈ NO RENUNCIARIES NI DE CONYA?

AQUEST FILÒSOF AFIRMAVA QUE ELS HUMANS SÓN COM ELS PORCS ESPINS:

QUAN FA FRED S'AJUNTEN PER DONAR-SE ESCALFOR, PERÒ SI S'ACOSTEN MASSA ES PUNXEN.

LLAVORS, HAN DE GUARDAR LES DISTÀNCIES.

PER QUÈ CREUS QUE QUAN ACONSEGUIM EL QUE DESITGEM PASSEM A DESITJAR UNA ALTRA COSA? PER QUÈ ENS COSTA TANT GAUDIR DEL QUE TENIM? SOM ENVEJOSOS? UNS FRUSTRATS ETERNS?

La Berta no aguanta el Merlí.
És l'única de la classe que no el suporta i no es talla a dir-li de tot a la cara.

Per què creus que passa això?

Creus que les seves circumstàncies personals poden influir en la relació que té amb el Merlí o penses que és perquè passa de tot i de tothom?

Per tallar amb ella, el Merlí diu a la Laia, la profe d'anglès, que s'ha fet la vasectomia...

I no s'ho creu ni ell!

Quan t'han donat una excusa inversemblant?

Com has reaccionat, has fingit que t'ho creies o li has dit a la cara que t'estava mentint?

IDEES PER DEIXAR LA PARELLA (INTENTANT QUEDAR BÉ)

—> Encara penso en el meu/meva ex, i em sabria greu fer-te mal.

—> Vull presentar-te els meus pares aquest diumenge (segur que si dius això, fugen corrents).

—> Necessites centrar-te en els estudis, i jo et distrec massa...

—> Necessito centrar-me en els estudis, després d'exàmens en parlem (és clar que després d'exàmens no en parlareu).

—> Deixem-ho un temps, necessito pensar.

—> Te'n dec una: gràcies a tu m'he adonat que no m'agraden els tios... (també val per a ties. Depèn del to que fas servir, la persona es quedarà pensant que has estat important per a ell/a).

—> Et mereixes algú millor que jo.

—> No estic preparat per a una relació.

—> T'estimo tant, que és millor que ho deixem córrer...

Quan el Gerard s'entera que l'avi de la Mònica va ser torero, li demana quants toros va assassinar. Ella pensa que el toreig és art, tradició i cultura, però ell creu que és una tortura cap als animals. I aquí comença el merder: de sobte discuteixen i sembla que no podran ser ni amics. Creus que dues persones amb opinions enfrontades sobre un tema espinós no poden ser amigues?

Quina d'aquestes coses no acceptaries d'un nòvio/nòvia?

- ☐ És soci del Reial Madrid.
- ☐ No suporta els gossos.
- ☐ S'olora els pets.
- ☐ Vota un partit de dretes.
- ☐ És independentista.
- ☐ Es dutxa una vegada a la setmana.
- ☐ Fa soroll quan menja.
- ☐ No es depila.
- ☐ És de família pujolista.
- ☐ Els seus pares et volen conèixer.
- ☐ Porta un bigoti rotllo Aznar.
- ☐ ______________________________

L'IVÁN RETREU AL MERLÍ QUE NO TÉ AMICS PERQUÈ ÉS UN XULO I NO SAP RELACIONAR-SE AMB LA GENT.

CREUS QUE PER SER ACCEPTAT PELS ALTRES HAS DE POSAR-TE UNA MÀSCARA QUE AMAGUI TOT EL QUE NO ÉS SOCIALMENT CORRECTE (ARROGÀNCIA, EGOCENTRISME, ALTIVESA...)?

PER QUÈ CREUS QUE EL MERLÍ REGALA UN MÒBIL A L'IVÁN? NO VAL QUE CONTESTIS

«PER FER-SE MÉS AMIC D'ELL»...

QUÈ COLLONS IMPORTA EL QUE DIGUI LA GENT???

T'ha d'importar UNA MERDA el que pensin de tu!!!

Això diu el Merlí al Bruno, però tu... Quan t'has deixat influir massa pel que t'han dit els altres?

Algun cop has sudat d'alguna cosa que han dit de tu o penses que és impossible?

Per mi, estar sol ofereix un

DOBLE AVANTATGE:

estàs amb tu mateix i no has d'aguantar els altres.

Merlí

Fes una llista dels avantatges i inconvenients d'estar sol. Tampoc no serà tot dolent, ja ho veuràs! Si no te'n surts, fes una llista de les persones que et fan desitjar estar sol: amics plastes, professors amargats, germans insuportables... Si a la llista hi ha més de 10 persones a qui veus cada dia, el problema potser ets tu.

QUAN ESTÀS
ENAMORAT
ACCEPTES LES
DIFERÈNCIES
DE L'ALTRE.

CREUS QUE ÉS AIXÍ, QUE QUAN ET PILLES D'ALGÚ HO FAS AMB TOT EL PACK, ÉS A DIR, AMB TOT EL QUE T'AGRADA DE LA PARELLA PERÒ TAMBÉ TOT EL QUE ODIES?

O PENSES QUE LES PERSONES HAN DE CANVIAR PER ACOBLAR-SE A L'ALTRE?

Berta

Quan la Berta s'inventa que el seu pare li ha fet mal a la mà, ho fa perquè és una malparida o per alguna altra raó?

El Merlí sap llegir entre línies i veu que la Berta està lluitant per cridar l'atenció, per això menteix dient que el seu pare li ha fet mal. Però també està segur que algú li fa mal de veritat, per això es comporta d'aquesta manera.

T'has trobat a algú que hagi fet res semblant, és a dir, que per fer-se veure hagi mentit o fet qualsevol altra cosa que no t'esperaries?

Merlí

Prendre apunts a sobre d'una taula guixada és brut. És com follar amb la teva parella amb el gat dins del llit

Marc

La gent es pensa que sóc
un calent mental…
Que vale, que ho sóc!
Però també sóc sensible

Iván

Jo penso que si talléssim
el cap als polítics que
roben, els propers s'ho
pensarien dos cops

Bruno

El meu pare és radical,
raro, egoista, interessat…

Bruno

Papa, a mi no em
comencis les frases amb
sincerament…

Merlí
Tu em veus capaç de venir a buscar-te al CosmoCaixa només per un polvo?

Gina
Sí

Gerard
Ja era hora que féssim una sortida, mai no fem res

Merlí
Haver-li demanat a ta mare que et portés a una escola concertada, que fan colònies, excursions, viatges de fi de curs…
Més que res per justificar el preu

Gerard
Com es diu en filosofia quan tot et va fatal i la vida és una puta merda?

Merlí
Egocentrisme adolescent recalcitrant

BERTA
I si no tens cap desig?

MERLÍ
Schopenhauer deia que aquesta era l'única sortida al patiment.

BERTA
Però si no tens cap desig també pateixes, no? Et deus sentir apartat. Veus com tothom somriu i sap el que vol… Què passa si no saps què vols? Què passa si quan et despertes no tens ganes de llevar-te?
Segur que hi ha gent a qui li passa això. Llavors què?

MERLÍ
A la gent que li passa això li aniria bé retrobar-se amb el mestre dels peripatètics, Aristòtil, que deia que l'esperança és el somni dels desperts.

Capítol 7

MICHEL FOUCAULT

Michel Foucault (1926-1984) va parlar del concepte de normalitat. **Què vol dir normal?**

Podríem dir que normal és allò que s'ha de fer, el comportament que la societat considera com a propi. Però el que aquí és normal, potser no ho és en un altre país. O el que ara trobem normal no ho era fa deu anys o no ho serà d'aquí a un any.

Foucault era homosexual i en la seva època l'homosexualitat es considerava anormal. L'exclusió social que va patir el va portar a centrar-se en una demostració que és més actual que mai: la confusió entre el que és normal i el que és correcte. Perquè a veure,

qui posa els límits entre la normalitat i l'anormalitat?

Segons Foucault, la normalitat implica una relació de poder: el poder classifica, ordena, controla, decideix el que és correcte en cada moment i el que se surt d'aquesta correcció resulta estrany.

I tu? Creus que ets normal?

☐ Sí ☐ No

Al Merlí no li agrada la paraula «normal». Què vol dir «normal» per tu?

T'agradaria que et definissin com a «normal»?

☐ Sí ☐ No

Amb tot el que saps ara sobre el concepte de «normalitat» de Foucault, encara t'atreveixes a utilitzar l'adjectiu «normal» o trobes que has de redefinir-ne el significat?

Michel Foucault
(1926 - 1984)

Hi ha tres maneres de fer les coses: bé, malament i a

L'ESTIL BERGERON.

TENS UN ESTIL PROPI A L'HORA DE FER LES COSES O ETS DELS QUE ES DEIXA PORTAR?

EL JOAN RETREU A LA SEVA MARE QUE ELL NO ELS DICTA QUINS LLIBRES HAN DE LLEGIR, COM HAN DE PENSAR, QUINS AMICS HAN DE TENIR...

I TU? DIUS ALS ALTRES QUÈ HAN DE FER, COM S'HAN DE VESTIR O A QUI HAN D'ESTIMAR?

DONCS NO DEIXIS QUE T'HO FACIN!!!

SI TENS ALGUN AMIC PLASTA QUE NO PARA DE DIR-TE EL QUE HAS DE FER, ENVIA'L A LA MERDA. SÓN COSES QUE ES FAN QUAN ETS MÉS GRAN. NO CAL ESPERAR ALS TRENTA PER FER UNA COSA AIXÍ.

A mi no m'importa el que faci el Bruno, **CONFIO EN ELL** i sé que no es ficarà en problemes.

Merlí

Creus que ets de fiar?

És a dir, si els teus pares no et controlessin, desfasaries a sac o sabries com comportar-te?

Creus que hi ha un límit d'edat perquè et controlin?

Som així,

NOMÉS PENSEM EN NOSALTRES

fins que les circumstàncies ens posen a lloc.

Merlí

Quina va ser la darrera vegada que el món et va posar a lloc?

Després d'aquell moment, continues pensant que ho tens tot sota control?

↑

món

•

↑

TU

La Calduch proposa al Merlí que s'imagini que el Bruno és mort i es pregunti si han tingut una bona relació, si ha fet tots els possibles per tenir-la.

Ara és el teu torn.
Pensa en algú a qui estimes molt (de la teva família, de la colla d'amics...)
i imagina't que és mort.
Tindries remordiments per no haver fet o dit alguna cosa?

Si la resposta és que sí,

QUÈ COI FAS LLEGINT... SURT A BUSCAR AQUESTA PERSONA I ARREGLA-HO ARA MATEIX!!!!!!

Per què creus que el Joan trenca una peça del vaixell que està construint el seu pare?

Només perquè ha tret un 10 en castellà i ha sudat de felicitar-lo?

Penses que pot haver-hi res més darrere d'aquesta acció?

Aquesta idea que les coses que fem han de ser acceptades pels altres provoca que moltes persones amaguin facetes seves.

Quina és la teva raresa?

Gaudeixes com un porc menjant musclos amb Nutella?

T'agraden els pèl-roigs amb barba de dos dies?

Et llepes la punta del nas?

Et relaxes fent-te nusos als cabells?

Vinga, confessa-ho...

NINGÚ NO ET JUTJARÀ!!!

LA RARESA TAMBÉ FORMA PART DE VOSALTRES.

SI NO VOLEM QUE NINGÚ DECIDEIXI PER NOSALTRES, **PER QUÈ ENS CREIEM AMB DRET A JUTJAR ELS ALTRES, A DECIDIR QUÈ HAN DE FER?**

QUINA VA SER LA DARRERA VEGADA QUE VAS JUTJAR A ALGÚ? POTSER NO HO VAS FER AMB MALA HÒSTIA, SIMPLEMENT NO HO VAS PODER EVITAR...

Tots som moltes coses alhora, fins i tot les que semblen contradictòries (sobretot aquestes, la veritat...)

Qui
Pol
Bruno
Berta
Tu
El teu millor amic o amiga
Algun dels teus ídols

És/Sóc	També és/També sóc
Tio dur	Sensible
Sensible	Cabronet
Cabrona	Feble

Quan el Joan arriba a classe amb el pírcing, tothom es riu d'ell i del pollo que li deu haver clavat el seu pare. Però el Joan es limita a recordar-los que les seves famílies tampoc són tan perfectes (el pare del Gerard va posar les banyes a la seva mare, el Marc fa anys que no veu el seu...) i ell no els ha criticat ni se n'ha rigut mai.

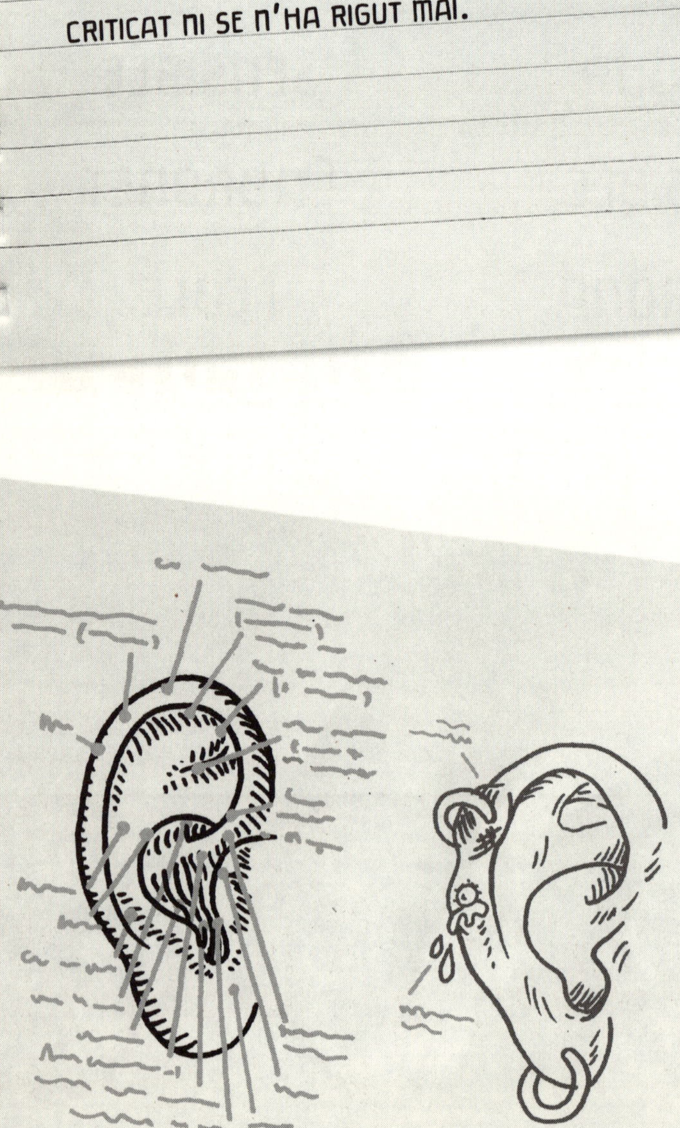

Saps que aquesta és una manera bonissíma d'anar per la vida? Si tu no te'n fots de ningú, ni te'n rius de les seves misèries, tampoc ningú no ho farà amb tu. Pots afirmar que no et fiques en la vida dels altres, o a vegades se t'escalfa la boca i deixes com un drap brut a algú que no es pot defensar en aquell moment?

El Bruno no sap si anar a veure el Pol al tanatori, quan vetllen la seva àvia. Tant la Tània com el Merlí li diuen que sí, que ha d'anar-hi, però ell no sap què fer ni què dir-li. El Merlí, que sembla tenir resposta per a tot, li diu:

T'HAS TROBAT EN ALGUNA SITUACIÓ SEMBLANT, EN LA QUAL NO TENIES NI IDEA DE QUÈ DIR O FER, PERÒ SABIES QUE HAVIES DE SER-HI PER NO DEFRAUDAR UN AMIC?

POT SER UNA MORT, COM EN EL CAS DEL POL, PERÒ TAMBÉ UNA MALALTIA, UNA MALA NOTÍCIA... SÍ, D'ACORD, TOT SÓN DRAMES, PERÒ ÉS QUE NO CAL UN MANUAL D'INSTRUCCIONS PER ALS MOMENTS FELIÇOS, NOMÉS PER ALS XUNGOS!

La queixa de l'espectador@:

L'espectador@
Ei, ara de debò, ja prou de frases cèlebres del Merlí!
Això sembla una sèrie d'autoajuda!

Respondre · 1

El guionista
El concepte "autoajuda" és un error. Un no es pot ajudar a si mateix. L'ajuda es dóna, i en tot cas, si per tu és una sèrie d'autoajuda, seria més correcte dir-ne "sèrie d'ajuda".

Respondre ·

El Bruno es passa un ou amb el Santi fotent-se d'ell perquè està gras, diu que la Pets, la truja de plàstic, està soltera...
Sincerament, creus que això fa gràcia?

☐ Sí ☐ No

És divertit fotre's dels altres pel seu aspecte físic?

☐ Sí ☐ No

Que si quatre ulls, gorda, tirilles, bola de billar, hòbbit... Hi ha algú al món que sigui perfecte, a qui ningú no pugui treure-li un defecte del qual fer burla?

No és gens fàcil ser gras en una societat que prioritza el culte al cos. Sembla que ens hem de sentir culpables per tenir sobrepès i jo no penso demanar disculpes per ser com sóc.

SANTI,
PROFE DE CASTELLÀ

Els joves d'avui creuen que el cine va néixer amb *Pulp Fiction.*
Cada cop que vaig al cine, em deprimeixo perquè trobo a faltar els acomodadors. Era màgic entrar a una sala a les fosques guiada amb un home amb llanterna… Abans el cinema es vivia amb intensitat, en una pantalla gegant. Ara les sales són petites habitacions amb una tele grossa.
El Bruno és un noi intel·ligent i molt sensible. Això es diu dels homosexuals i no és cert que tots siguin tan sensibles. He conegut cada harpia…

Pol

L'últim que m'esperava quan se't mor algú és anar de compres.

Joan als seus pares

Us penseu que tinc un problema i el meu problema sou vosaltres.

Bruno

Papa, deixa de pensar que sóc una creació teva.

Bruno

Papa, si véns a parlar de bons moments, acabarem aviat.

Bruno
Què he de fer? Resar a Déu per tenir un mòbil nou?

Merlí
No, Déu no funciona així… Primer l'hauries de robar i després resar perquè Déu et perdoni

Jaume
On t'han fet aquest pírcing?

Joan
En una botiga

Jaume
Però quina merda de botiga és aquesta que forada les orelles d'un menor? Els denunciaré!

Bruno
Papa, quan a un amic se li mor l'àvia, què s'ha de fer?

Merlí
Enterrar-la

Bruno
Potser estudiaré història

Merlí
Ah, sempre has tret bones notes d'història, és veritat…

Bruno
M'agrada

Merlí
Jo, mentre no et facis capellà o militar…

Capítol 8

GUY DEBORD

Guy Debord
(1931 – 1994)

Guy Debord pensava que el nostre model de societat ha convertit la vida de la gent en un espectacle.

Per aquest pensador, que no va conèixer les xarxes socials, vivim en una mena de pantalla global on tothom es vol fer visible a qualsevol preu.

Dit d'una altra manera: si no et mostres no existeixes. Per tant, l'únic que importa és el que projectem de nosaltres mateixos en una imatge.

Segons Guy Debord, l'home es converteix en un espectador d'ell mateix quan es veu reflectit en qualsevol pantalla. Però també es converteix en un ésser passiu, incapaç de prendre decisions, incapaç de viure la seva vida.

En lloc de viure les coses, consumim il·lusions de les coses.

Creus que té raó? Que si no tens un perfil a Facebook o un compte a Twitter o Snapchat no existeixes?

....

....

....

....

....

Si tens pocs likes moles menys que algú que en tingui més que tu?

....

....

....

....

....

Si no penges fotos d'una nit de farra o d'un dinar amb amics és com si no hagués passat?

☐ Sí ☐ No

FES UNA REFLEXIÓ PROFUNDA

(POSA'T CÒMODE, QUE EN TINDRÀS PER ESTONA...).
QUINA PART DE LA TEVA VIDA ÉS PÚBLICA I QUINA ÉS PRIVADA?

VIDA PÚBLICA

Xarxes socials.

Dinar de Nadal amb tiets i cosins que no suporto.

Sortir a emborratxar-me amb els amics.

La farra del meu aniversari.

Les vacances d'estiu.

Aprovar-ho tot al juny!

ESTAN COMPENSADES LES DUES PARTS?

VOLDRIES QUE ALGUNES COSES D'UNA COLUMNA PASSESSIN A L'ALTRA?

VIDA PRIVADA

Les meves necessitats fisiològiques.

Em faig una palla després de dinar.

Escriure el que em passa pel cap.

Quan m'aixeco de bajón, sense ganes de fer res.

Sentir-me com una puta merda si
la persona que m'agrada em rebutja.

Repetir curs...

Les grans preguntes filosòfiques

NO

TENEN MAI RESPOSTA.

SAPS QUINES SÓN O TAMPOC NO TENS LA RESPOSTA A AQUESTA PREGUNTA?

Les grans preguntes filosòfiques són:

Si el Merlí dissenyés les emoticones dels «M'agrada» de Facebook, quines creus que inclouria? Aquí tens algunes idees...

Em posa palote

M'importa una merda

____

I TU? QUINES DISSENYARIES?

De veritat que no teniu res més a fer que fotografiar la vostra vida i ensenyar-la a tothom? És que tothom ha d'ensenyar les seves intimitats com si fóssim monos de fira pelant-se-la davant el públic?

QUÈ COLLONS ÉS AIXÒ? ON HA QUEDAT LA NOSTRA PRIVACITAT?

T'animes a fer un exercici?

Entra a Facebook i classifica els posts dels teus amics seguint les següents categories:

M'INTERESSA

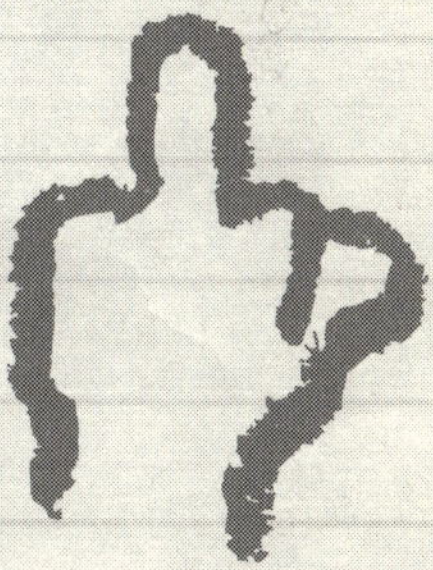

ME LA PELA

Ara fes el mateix amb les teves publicacions del mur.
No creus que sobra molta merda a Facebook?

De l'estona que el mires, quants minuts inverteixes en posts que recordaràs i quants en xorrades?

QUINA ÉS L'ÚLTIMA
FOTO QUE HAS
PENJAT?

T'HAS FIXAT QUE LA GENT PENJA A FACEBOOK EL QUE VOL MOSTRAR DE LA SEVA VIDA?

ÉS UN APARADOR ON ENS VENEM, MOSTREM LA NOSTRA FOTO GUAPA, O DE LA NOSTRA PARELLA, O EL VIATGE QUE HEM FET, HI PENGEM ACUDITS...

PERÒ REALMENT SOM AIXÍ?

☐ SÍ ☐ NO

ET MOLA O TROBES QUE ÉS POSTUREO?

☐ M'ENCANTA ☐ POSTUREO

→ Nota del guionista: La pregunta està tan dirigida que suposo que podeu deduir la meva resposta.

SI REBESSIS UN VÍDEO ERÒTIC COM EL DE LA MÒNICA DE VILLAMORE, QUÈ FARIES?

A REENVIAR-LO A TOTA HÒSTIA!

B PUJAR-LO A INTERNET. SI NO VOLIA QUE ES VEIÉS, QUE NO L'HAGUÉS GRAVAT...

C ESBORRAR-LO I DEMANAR A QUI ME L'HA ENVIAT QUE TAMBÉ L'ESBORRI.

Mònica de Villamore

DEIXEU DE MIRAR
LA VIDA A TRAVÉS
D'UNA CÀMERA I
DISFRUTEU-LA
AMB ELS ULLS I
TOTS ELS ALTRES
SENTITS.

Merlí

El Gerard la caga, encara que sigui sense voler, quan diu a la Mònica que el proper cop no es deixi gravar com si fos... I no acaba la frase. Però dóna a entendre que gravar-se en actitud eròtica és de guarres.
Sí, ja, fot la pota fins a l'engonal, però tampoc no és fàcil saber què dir en aquestes situacions.

I tu? Què li diries?
Com intentaries animar una amiga que estigués passant per una situació tan fotuda?

El que li passa a la Mònica de Villamore amb el seu vídeo eròtic és una autèntica putada.

Creus que és perillós gravar un vídeo d'aquestes característiques? O et posa?

Ho és més si ets una tia o si ets un tio?

La majoria de
la gent que passa
pel carrer
NO ACOSTUMA A
FOLLAR. No veus
la cara de mala
hòstia que fa
tothom?

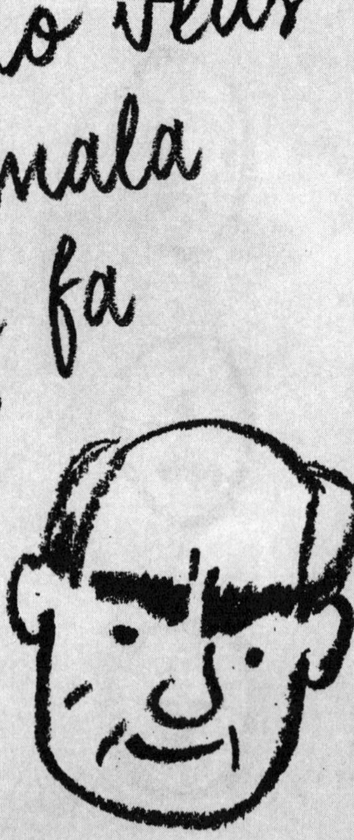

Merlí

Endevina qui ha follat en aquesta pàgina...

Eugeni
Parla'm en castellà, Mireia!
Mireia
¡Malo!... ¡Malo!... ¡Eugenio malo!!

El sexe és més interessant sense càmeres.

JO ESTIC AMB QUI EM DÓNA LA GANA

i si tu, Bruno, no ho trobes bé et fots. O no tens la llibertat per follar amb qui vulguis?

M

El Merlí no parla com la resta dels pares, això ja ho tenim clar des del principi.

Però en aquest cas, quan el Bruno es ratlla perquè el merlí està enrotllat amb la mare del Gerard, qui creus que té raó?

El Merlí hauria de tallar-se i no fer-se la mare d'un amic del seu fill o el Bruno està pixant fora de test?

Gerard

NINGÚ
ET
MIRA

Explicació

És una escena molt icònica: la primera vegada que l'Iván surt sol al carrer s'apunta aquesta frase del Merlí per ser capaç de vèncer les pors.

Pol

Dona madura… Me la posa dura!

Merlí

Abans de fer-me un perfil a Facebook prefereixo que un gos se'm cagui a sobre

Merlí

La teva mare folla

Iván

Vols callar d'una puta vegada?

Merlí al Bruno

Tu i jo tenim una cosa en comú: no ens trobaran mai al llit amb una noia de 16 anys

Gerard

El CosmoCaixa no és un bon lloc per tirar la canya

Gerard

Puta vida, tio. Tindré trenta anys i encara continuaré amb aquesta cara de nen

Bruno al Merlí

Tu tens la polla disparada

Capítol 9

EPICUR

Epicur (341-270 aC) és el filòsof de l'hedonisme, un corrent filosòfic que aposta per gaudir una vida dedicada exclusivament al plaer. Què significa això? Mudar-se a un hotel de luxe i menjar cada dia llagosta arrebossada en caviar per esmorzar?

TOT EL CONTRARI!

Epicur considerava que l'home feliç no és el que experimenta els plaers més intensos, sinó el que aconsegueix evitar el patiment. De fet, Epicur tenia una vida molt senzilla: vivia en una casa molt normaleta, vestia molt modestament... Ell deia que en tenia prou amb no tenir set i no passar gana.

El que Epicur buscava és l'**ATARÀXIA** (ja, sí, sona a nom de discoteca xunga...), és a dir, l'absència de tota pertorbació.

Com s'arriba a l'ataràxia?

Reduint a sac la intensitat dels desitjos i les passions, per tal de submergir-se en una serenitat i una impertorbabilitat completes.

Un tema que no importava gaire a Epicur era la mort.

Ell deia que no tenia cap sentit preocupar-se per la mort, perquè mentre existim la mort no és present i quan la mort és present...

JA NO EXISTIM.

Classifica els teus plaers segons la catalogació d'Epicur:

Naturals i necessaris	Naturals i innecessaris	Innaturals i innecessaris
(menjar, beure, pixar, respirar, el sexe...)	(l'art...)	(la fama, la reputació, les xarxes socials...)

Series capaç de passar-te
TOT UN DIA
sense mòbil ni internet?

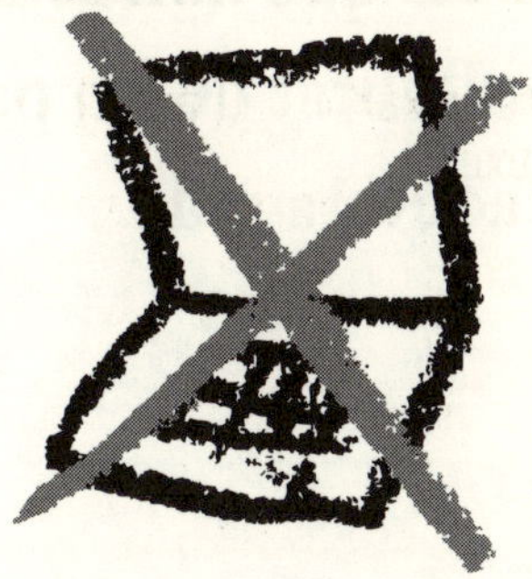

→ <u>Nota del guionista:</u> Les xarxes socials són innecessàries per viure. Us ho dic jo, que vaig passar l'adolescència sense mòbil. Quan trucaves a casa d'un amic i no hi era, t'havies de fotre, i deies allò de «quan arribi que em truqui». I si al cap d'una hora no t'havia trucat pensaves: «li deuen haver dit que he trucat???». Aquesta angoixa l'hem passada els vells que ara tenim més de trenta anys...

Epicur va dir que
els amics de veritat
són els que donen la
possibilitat de no patir
en aquesta vida.

Epicur
(341 - 270 aC)

QUÈ PREFEREIXES?

**TENIR AMICS I NO TENIR NI UN EURO
O SER RIC I NO TENIR AMICS?**

AMICS ○

DINERS ○

Tens amics de veritat o
et donen maldecaps?

Dels amics que tens a Facebook,
quants són amics de veritat?

A MI EM POSA MOLT NERVIÓS SANTA CLAUS

Nerí

Què és el Nadal per tu?
T'agrada tant com quan eres
petit o ja no?

Si la norma
és no ser
com tu...

QUE DONIN PEL SAC

a la norma!

No intentis convèncer a qui no t'entén.

Merlí

A QUI T'ENTESTES A CONVÈNCER DE COSES QUE SAPS QUE NO ENTENDRÀ?

Què et va semblar el coma etílic del Joan? Has viscut mai una situació semblant?

Al Gerard quan una cosa li va bé tot és de puta mare, i quan les coses no li funcionen, la vida és una merda. És un paio d'extrems.

Creus que la teva vida és com una muntanya russa?

QUI ETS? DEFINEIX-TE:

Quan acabis passa a la pàgina següent...

Has tingut prou espai per definir-te?

Si la resposta és sí... Estàs mentint a sac! Ningú no es pot definir només en una pàgina,

TU ETS MOLT MÉS QUE AQUESTES LÍNIES!!!

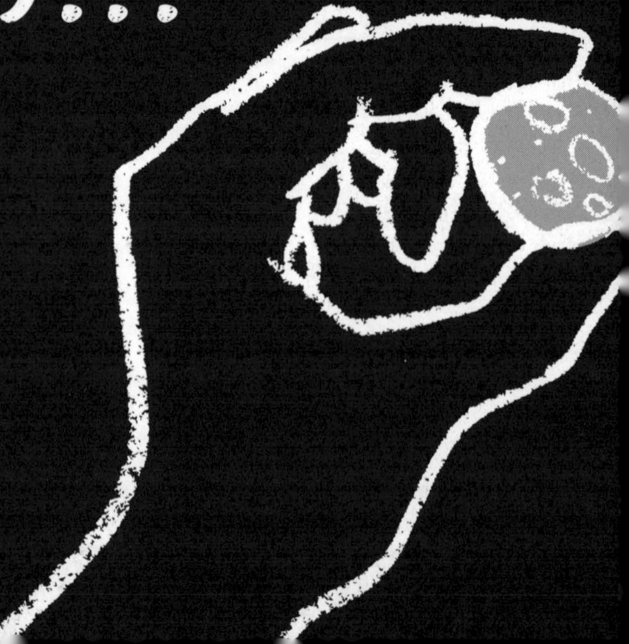

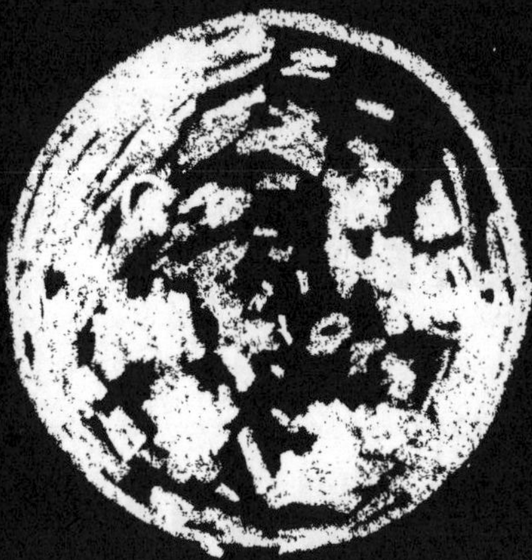

Avui toca fer una excentricitat:

Puja al terrat (si en tens les claus) i mira la Lluna a través d'un tros de fuet. *

* Nota del guionista: És impossible veure la Lluna a través d'un tros de fuet, però la ficció sempre mola més que la realitat. A les sèries tot és més maco que a la vida real, fins i tot quan un personatge es mor ho fa amb una musiqueta de fons... a la vida, no.

Per què creus que s'enrotllen el Bruno i el Pol?

- ☐ Per morbo
- ☐ Perquè van mamats
- ☐ Perquè van calents
- ☐ Perquè volen provar-ho tot
- ☐ Per amor
- ☐ Perquè els dóna la gana!!!

Creus que un noi és menys home si s'enrotlla amb un altre noi? O una noia és menys dona si s'ho munta amb una altra noia?

☐ Sí ☐ No

Voler no és poder,
NO ET CREGUIS
aquesta frase de
Disney... Per molt
que vulguis, si no
estàs capacitat per
fer una cosa NO LA
PODRÀS FER.

Merlí

VULL

PUC

NO ES
NECESSITA
TALENT
PER SER
POLÍTIC.

QUIN D'AQUESTS ADJECTIUS FARIES SERVIR PER DEFINIR UN POLÍTIC?

- [ ] Honrat
- [ ] Mentider
- [ ] Estafador
- [ ] Lladre
- [ ] Compi Yogui
- [ ] Imbècil
- [ ] Culte
- [ ] Indepe
- [ ] Botifler
- [ ] Inculte
- [ ] Ambiciós
- [ ] Malversador de fons públics
- [ ] ______________________________

Tens fantasies sexuals que mai no has explicat a ningú?

No les escriguis aquí sota... fes-les realitat!

Aprofita que estem al segle XXI!

FES TOT ALLÒ QUE NO VEURIES EN UNA SÈRIE.

A la festa d'aniversari del Pol a casa de la Mònica, la colla juga al Jo mai mai...

T'atreveixes a proposar preguntes que voldries fer als teus col·legues?

Jo mai mai...

Jo mai mai...

Jo mai mai...

Jo mai mai...

Jo mai mai...

En aquest capítol hi ha
dues grans declaracions d'amor.

Declaració d'amor
del Joan Capdevila
a la Mònica de Villamore.

EXTERIOR NIT - Piscina casa Villamore. 3.09 h.

JOAN

Te'n recordes, quan el Merlí ens va demanar que escrivíssim què era la felicitat per nosaltres? Algú va escriure «jo seria més feliç amb la Mònica de Villamore».

MÒNICA

El Gerard...

JOAN

Una merda, el Gerard.

(La Mònica entén que va ser ell.)

JOAN

(Ho diu de cop, amb sentiment, tot i que està begut.)

M'agrades molt. Un dia vaig intentar dir-t'ho a la biblioteca, però... no em vaig atrevir. (Riu sol.) No et demano que em diguis que tu sents el mateix... no et vull molestar. Només vull que sàpigues que aquest és el millor curs de la meva vida, perquè... cada dia sé que quan arribi a classe hi seràs. (Es tapa la cara, vergonyós.) Pfffff... Perdona...

LA GRAN PREGUNTA: DESPRÉS DE SENTIR AIXÒ,

COM POT SER QUE LA MÒNICA NO CAIGUI ALS SEUS BRAÇOS PASSATS DOS SEGONS???

MÉS TARD, EL MERLÍ ES DECLARA A LA GINA AMB UN ESTIL MOLT DIFERENT...

INTERIOR NIT - Pis Gina. 7.10 h.

MERLÍ

(Gairebé emprenyat, busca les paraules.)

T'he de dir que… que estic en una situació personal que… podria ser definida en termes estrictament culturals com un… enamorament. També és cert que no sé on m'estic fotent amb tota aquesta història… però repeteixo que potser aquesta paraula -enamorat- seria la més adequada per definir… això meu amb tu.

Com et declares al tio o tia que et mola?
Amb paraules maques, o directament li fas un petó?

La queixa de l'espectador@:

L'espectador@
Per què emeten la sèrie tan tard? L'endemà m'he de llevar d'hora.

Respondre · 1

El guionista
Això em pregunto jo.

Respondre ·

Marc
Jo dec ser hedonista perquè per mi el plaer és el primer

Pol
El plaer de fer-te un pajote cada dia!!!

La Calduch
Tinc un punt de cabroneta però la gent m'ho perdona perquè sóc bona actriu. Visc al dia, no penso en la mort, tinc força per donar molta guerra encara i per tornar-me a casar, si fos el cas. Tot i que ara mateix no m'interessa cap jovenet de setanta anys…

Iván
A classe em van deixar de parlar. S'ha de ser popular per tenir amics. Sóc massa diferent.

Marc
En temps de guerra, qualsevol forat és trinxera.

Iván

Quan sigui gran treballaré en política. Em faré president o així. Però sense cobrar gaire, eh? Perquè no em critiquin. Em pagaré amb els meus diners el menjar, el transport… I m'estimaran. I quan em mori que fotin el meu taüt a l'Ajuntament.

Tània

Ja fa mitja hora que el Joan ha entrat. Per què no ens diuen res?

Gerard

És un hospital públic

Pol

El Marc té raó, s'ha de provar de tot.

Gerard

A tope y sin bragas.

Joan

Només em voleu per treure bones notes.

Capítol 10

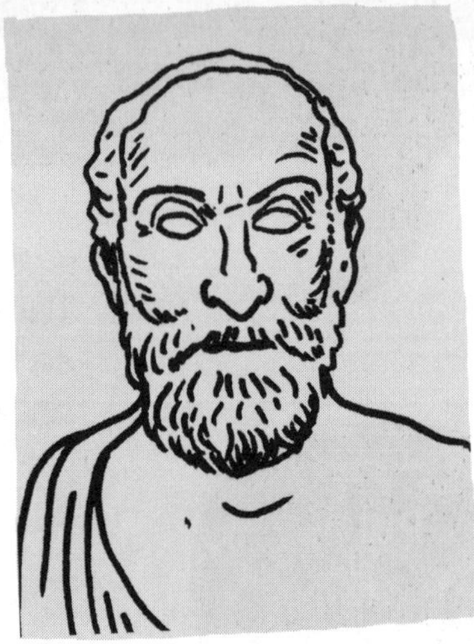

Pirró d'Elis
(360 - 270 aC)

ELS

ESCÈPTICS

Els escèptics basaven la seva filosofia en la pràctica de **l'epokhé** (ἐποχή), la suspensió del judici: estar atent a les coses que passen però no pronunciar-se sobre la realitat.

Aquests filòsofs no aspiraven a res més que al **SILENCI**. Per no haver-se de separar de la realitat de les coses que passen es limitaven a observar-les. L'escèptic mira amb atenció, examina, considera els fets i calla.

Pirró d'Élis, el primer pensador escèptic, viatjava en un vaixell. Hi va haver una forta tempesta, els mariners li van preguntar espantats què podien fer per salvar-se i ell els va dir: «No feu res». Els qui es van intentar salvar van morir i els que li van fer cas es van salvar.

Pirró es va adonar que no hi ha manera d'entendre la realitat, que no podem entendre les coses tal com són, per això practicava l'epokhé a totes hores, sense implicar-se mai en res. Fins al punt que quan caminava directe cap a un precipici, feia com si allò que tenia davant no fos real i eren els que el seguien de prop els que el salvaven d'estimbar-se. I així va viure fins als noranta anys.

I TU? ETS PIRRÒNIC? PRACTIQUES SOVINT L'EPOKHÉ? ÉS A DIR, PASSES DE TOT O CREUS QUE ÉS IMPOSSIBLE FER COM ELS ESCÈPTICS, QUE PORTEN LA INDIFERÈNCIA FINS A L'EXTREM?

ἐποχή

Al Merlí li agrada l'epokhé, li cauen bé els escèptics, els troba divertits. Són impassibles... Aquí tens una llista de coses que a Pirró el deixarien indiferent:

- ☐ Barça 5 - Reial Madrid 0
- ☐ Et toca la loteria
- ☐ Un tornado a la plaça Catalunya
- ☐ Barça 0- Reial Madrid 5
- ☐ Un tros de tio bo o tia bona que et passa a mig metre
- ☐ Et quedes sense internet
- ☐ ______________________

Per què el Merlí confessa al Toni, el director de l'insti, que el Joan va tenir un coma etílic i que els seus pares no en saben res?

- ☐ **Perquè té mala consciència**
- ☐ **Perquè és el que ha de fer**
- ☐ **Perquè tant li fa que castiguin el Joan per a tota la vida**
- ☐ **Perquè pot perdre el seu curro si algú se'n va de la llengua**
- ☐ **Perquè li va la marxa**
- ☐ **Altra raó:**

____

____

____

L'EUGENI RECRIMINA AL MERLÍ HAVER-SE ENROTLLAT PRIMER AMB LA LAIA, QUE TENIA NÒVIO, I DESPRÉS HAVER-LI POSAT LES BANYES AMB LA GINA.

CREUS QUE ELL, QUE S'HA ENROTLLAT AMB UNA DONA CASADA, POT CRITICAR A ALGÚ JUSTAMENT PER FER-SE UNA DONA QUE TÉ PARELLA?

L'EUGENI DIU QUE ÉS DIFERENT... HO ÉS? PER QUÈ?

Sovint critiquem allò que NO ens agrada veure en nosaltres mateixos.

T'ha passat mai?

Al Merlí li encanta veure el Joan fora de si, agressiu, però... com s'atreveix a passar-se de la ratlla amb un professor???

Has arribat a tenir aquest grau de confiança amb un/una profe? Li has explicat mai coses personals?

POSA UN MERLÍ A LA TEVA VIDA

La Mònica i el Gerard són com l'aigua i l'oli... Ell és impulsiu, ella és molt més reflexiva; ell es comporta a vegades com un nen, i ella, com diu el Merlí, «té tempo de dona» i és molt més madura.

Creus que els pols oposats s'atrauen o aquesta frase no és més que un eslògan per vendre comedietes romàntiques dolentes?

Coneixes alguna parella amb aquestes característiques?

El Joan explota quan els seus pares li anuncien que l'any vinent anirà a un altre institut, a un centre concertat.

Marca amb una X a quin tipus d'institut NO voldries anar mai:

- ☐ Una escola privada religiosa (del rotllo Esclaves de Jesús, o Cor de Maria) que separés nois i noies.
- ☐ Un insti públic de barriada.
- ☐ Una escola concertada on cada alumne treballa amb un iPad a classe.
- ☐ Un insti públic però amb famílies pijes. O sigui, l'insti més cool de la teva ciutat.
- ☐ Una petita escola de poble, envoltada de natura.

Els fills són uns cabrons,

SABEN ELS PUNTS FEBLES DELS PARES.

Quins són els punts febles dels teus pares?

I els teus?

En teniu algun en comú?

El Bruno torna a tocar els collons al Santi, el professor de castellà, fotent-se d'ell perquè és gras. Està clar que està cabrejat amb el món perquè el Pol passa d'ell, tot i que això no el justifica. Sovint desfoguem contra els altres les nostres frustracions.

Ho has fet mai?

QUAN ALGÚ ES SEMA AIXÍ AMB ALGÚ
ALTRE PEL SEU FÍSIC, QUÈ SENTS?
GANES DE RIURE? VERGONYA ALIENA?
GANES DE FOTRE-LI UNA HÒSTIA?

El Gerard i el Bruno reaccionen de formes totalment oposades al fet que els seus pares estiguin liats. El Gerard no pot suportar-ho i marxa de casa, mentre que al Bruno tant li fa.

Amb la mare de quin amic t'agradaria que s'enrotllés el teu pare?

T'imagines la teva mare follant amb el pare d'una amiga?

Prova combinacions, i riuràs. Pensa que la realitat supera la ficció...

QUE NO ENS ENROTLLEM AMB LA PERSONA QUE ENS AGRADA NO SIGNIFICA QUE ELS NOSTRES PARES NO PUGUIN FER-HO. SI A ELLS ELS VAN BÉ LES COSES, PER QUÈ NO ELS DEIXES SER FELIÇOS?

BRUNO

Merlí

Al Joan no li agradarà l'alcohol però va agafar una turca com un piano.

La Calduch

A tu t'encanten les posades en escena, Merlí. D'on creus que ho has tret això d'anar pel món donant la nota, fent numerets…?

Merlí

No sé què té aquest institut que fa que la gent s'aparelli.

Merlí

La infidelitat és sana segons com, no?

La Calduch al Bruno

Jo t'ensenyaré a beure com cal, nen.

Gerard

El papa estava fins als collons de tu i per això se'n va anar amb una altra.

Merlí al Jaume Capdevila

T'agrada que el teu fill
et tingui por?

Joan
Jo no necessito nous aires!

Jaume
No, és clar, tu el que necessites són whiskies!

Toni, el director de l'institut

Hi ha moltes maneres d'ajudar, Merlí,
però tu fas massa soroll.

TONI

Capítol 11

ELS SOFISTES

Protàgores
(485 - 411 aC)

Els sofistes eren uns pensadors que van sorgir a Grècia al segle V aC. Eren uns professionals de la paraula, els reis de l'oratòria. Plató els criticava perquè deia que eren uns venedors de motos.

Gòrgies, Protàgores, Críties... Eren alguns dels sofistes més importants, eren els il·lustrats, els educadors de l'època.

Protàgores va ser el primer sofista que feia pagar pels seus serveis. Els sofistes sabien vendre les seves habilitats.

TU SERIES CAPAÇ DE VENDRE LES TEVES? HAS PENSAT EN QUÈ ETS BO?

A vegades em pregunto què collons fem intentant que la gent no sigui tonta. Si volen ser tontos.

QUE MORIN TONTOS!

Lamentablement, fer-te amic del popular de la classe t'obrirà portes per al dia que tornis a plantar el cul a l'institut. Em sap greu però t'has de fer amic del xulo cregut perquè la gent et tingui en compte.

LA VIDA ÉS AIXÍ DE GROTESCA.

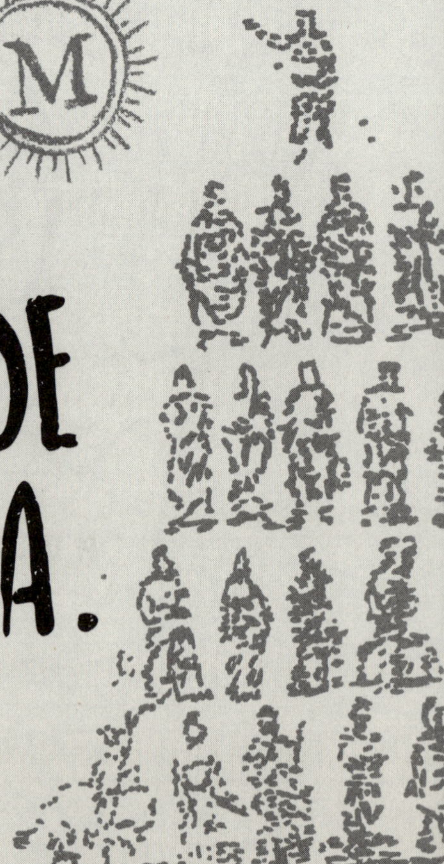

Pol

ÉS AIXÍ DE TRIST... A QUALSEVOL LLOC ON HI HAGI MOLTA GENT SEMPRE HI HA CLASSES: ELS POPULARS, ELS NERDS,
ELS EMPOLLONS, ELS QUE ESTAN BONS, ELS FRIQUIS, ELS QUE FOTEN POR...

SABRIES FER UNA CLASSIFICACIÓ DE TOTS ELS ESPÈCIMENS QUE TENIU A L'INSTITUT?

A QUINA ESPÈCIE PERTANYS?

La Berta i el Pol es plantegen deixar d'estudiar. I tu?

T'ho has plantejat mai?

Per quina raó deixaries els estudis?

HEM DE DEIXAR DE BANDA ELS ALUMNES QUE NO FUNCIONEN? QUÈ PASSA? QUE LA BERTA I EL POL SÓN PECES DEFECTUOSES D'UNA CADENA DE MUNTATGE?

Merlí

Per alguns la filosofia serà un plat de

COL AMB PATATES

i per altres serà un

PLAT DE CAVIAR.

Quan el Merlí entabana el Pol perquè vagi a estudiar amb l'Iván Blasco, no està sent una mica sofista?
En realitat els està engalant a tots dos... Creus que és una acció reprovable o no?

Relaciona les teves assignatures (anglès, català, filo, llatí, física...) amb aquests plats i afegeix-hi el que vulguis. Bon profit!

PLATS		ASSIGNATURES
Hamburguesa amb patates	→	______
Verdura bullida	→	______
Entrepà amb pa d'ahir	→	______
El teu menjar preferit	→	______
La paella dels diumenges	→	______
Croissant de xocolata	→	______
Peix a la planxa	→	______
Arròs bullit	→	______
Espaguetis a la bolonyesa	→	______
Pizza	→	______
______	→	______
______	→	______

EL SISTEMA US VOL AQUÍ TANCATS PERQUÈ EL DIA DE DEMÀ SIGUEU PRODUCTIUS.

Alguns, els que tingueu sort, treballareu en allò que us agrada. Però la majoria, mentre treballeu, comptareu els dies que falten perquè comencin les vacances.

A QUÈ ET VOLS DEDICAR QUAN SIGUIS GRAN I QUE FARÀ QUE T'OBLIDIS DE RATLLAR ELS DIES AL CALENDARI COM SI FOS UNA CONDEMNA?

Valorem més les coses perquè ens han suposat un esforç?

QUÈ PREFERIU?

Una moto gratis a la porta de casa o aconseguir-la treballant tres anys venent hamburgueses?

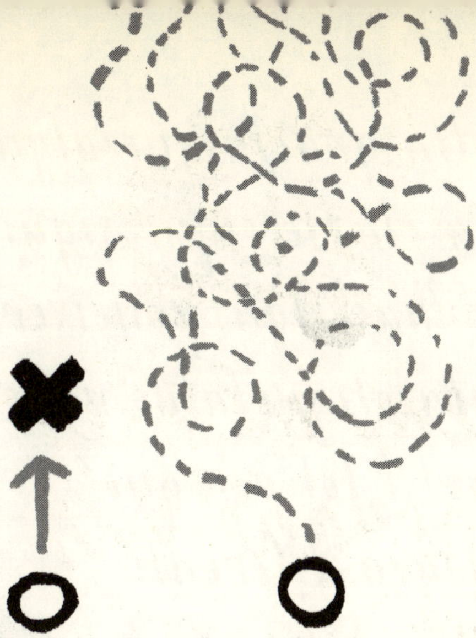

QUÈ PREFEREIXES?
EL CAMÍ DE L'ESFORÇ O LA VIA RÀPIDA? AIXÒ ET FA MILLOR O PITJOR PERSONA?

Deu fer molta gràcia que algú se senti marginat a classe o que sigui diferent... Ningú no m'ha volgut conèixer. Em vau fotre la puta etiqueta de raro i així em vaig quedar! I tot per què?
Perquè pensava diferent?
Perquè llegia el diari?

L'IVÁN CONFESSA AL POL QUE HA OBERT LA PORTA PER DIR-LI TOT AIXÒ, PER TIRAR-LI EN CARA LES VEGADES QUE S'HA RIGUT D'ELL I L'HA FET SENTIR COM UNA MERDA. I ARA EL POL PROVA LA SEVA MEDICINA QUAN L'IVÁN ES RIU DE COM PRONUNCIA L'ANGLÈS.

Només un apunt, una nota mental que estaria bé que et gravessis: vés amb compte amb el que fas als altres perquè es pot girar la truita i hauràs de menjar-te tota la merda que has escampat. D'això uns en diuen «karma», d'altres «destí»... Posa-li el nom que vulguis...

—› Nota del guionista: També coincideix amb aquell moment que t'agrada de les pel·lis o sèries, en les quals el personatge suposadament dèbil es pot venjar o li pot deixar anar quatre zascas al cabró que li ha fet la vida impossible.

Pol, a mi em caus bé però a vegades sembla que t'importin una puta merda els sentiments de la gent. Puteges el Bruno, puteges la Berta... Ets un puto egoista, tio!

TÀNIA

ÉS EGOISME EL QUE S'AMAGA DARRERE LA MANERA DE COMPORTAR-SE DEL POL?

ÉS INCONSCIÈNCIA?

ÉS QUE PAGA AMB ELS ALTRES LES MERDES QUE HA D'EMPASSAR-SE A CASA SEVA?

HOLA A TOTS. EM DIC OLIVER, TINC 18 ANYS I ESTIC REPETINT PRIMER DE BATXILLERAT. I, BÉ, TAMBÉ VAIG REPETIR PRIMER D'ESO, SUPOSO QUE LO MEU SÓN ELS PRIMERS... SÓC BON TIO, SÓC SENSIBLE, TOT I QUE TAMBÉ TINC MALA LLET QUAN CAL, COSA QUE NO PENSO QUE SIGUI UN DEFECTE. BALLO CLAQUÉ PERQUÈ DE PETIT FLIPAVA AMB LES PEL·LIS DEL GENE KELLY I UN DIA VAIG DIR: «PAPA, JO VULL FER AIXÒ». BALLAR M'AJUDA A EVADIR-ME DELS MEUS PROBLEMES. I SÓC GAI. HO DIC BÀSICAMENT PER EVITAR COMENTARIS DEL TIPUS «NO SÉ QUÈ... QUINA PLOMA... SEMBLA QUE LI MOLEN ELS TIOS...». DONCS SÍ, TINC PLOMA I M'ÉS IGUAL. SÓC GAI I MAI NO ME N'HE AMAGAT, AIXÍ QUE A QUI NO LI AGRADI, QUE EL DONIN PEL CUL.

L'Oliver es va marcar una presentació que va deixar tota la classe flipada...

Com et presentaries davant d'una classe on no coneixes ningú?

T'atreviries a fer una presentació tan sincera i directa com la de l'Oliver?

Merlí

L'AMPA és la pitjor plaga després dels turistes. És un contenidor de pares avorrits i obsessionats perquè la infància i l'adolescència dels seus fills siguin màgiques!

Eugeni, cap d'estudis

Mira, Merlí, ja fa temps que t'aguantem. El departament ens hauria de donar dos mesos més de vacances aquest estiu per descansar de tu.

Pol

Tu no defenses que estudiem?

Merlí

Evidentment que sí! Però ho defenso amb relació a tenir interès per les coses, a tenir curiositat per saber, pel coneixement en si mateix. Interès per l'estudi sí però no perquè estigui fixat en un temari. Aristòtil deia que el millor saber és el que no serveix per a res, és a dir, saber per saber, no per obtenir res a canvi

Merlí a la Gina

Llàstima que no tingui les claus d'aquest despatx perquè si no el tanco, t'empotro contra la paret, i el Toni… Que s'esperi fora.

Berta

Els de la classe es van passar una hora netejant…

Merlí

Que es fotin! De vegades el grup s'ha de sacrificar per un acte individual honrós

Merlí

Fa milers d'anys la gent de la vostra edat es passava el dia caçant mamuts i follant entre matolls.

Capítol 12

HUME

Que el sol surti cada matí és un argument prou sòlid per pensar que sortirà també demà? David Hume (1711 - 1776) diria que no. Ell deia que l'hàbit no explica la veritat sobre les coses.

Hume era empirista, és a dir, basava els coneixements en l'experiència i en el fet que no pots tenir l'experiència del demà. Aquest filòsof diu que el que percebem són sensacions de colors, de formes, de mides...

Ell tenia un problema amb la idea que ens fem de les coses, però del que no tenia cap dubte és dels sentiments. Estava convençut que en els éssers humans hi ha un sentiment natural de benevolència.
Hume deia que tenim una predisposició natural a ser bons amb els altres.

David Hume deia que val més una mentida que sigui beneficiosa per a la societat, que no pas una veritat que la pugui perjudicar. És a dir, el pensament només és útil quan té en compte els interessos de la gent.

HUME PENSAVA QUE TOTHOM ÉS BO PER NATURALESA. I TU? CREUS QUE TOTHOM ÉS BO FINS QUE DEMOSTRA EL CONTRARI O A L'INREVÉS, SOSPITES DE TOT DÉU? OBRE UNA PÀGINA DE QUALSEVOL DIARI ABANS DE RESPONDRE...

David Hume
(1711 - 1776)

Quan algú fa una cosa bona per algú altre (una col·lecta benèfica, col·laborar amb una ONG, donar almoina...), ho fa pels altres o per sentir-se millor amb ell mateix? Segons el Joan Capdevila, la seva família ho fa per postureig.

No m'interessa saber en què us gasteu els diners;

M'INTERESSA SABER EN QUÈ NO US ELS GASTEU.

En què t'has gastat massa pasta i després te n'has penedit?

NOSALTRES PATIM LES CONSEQÜÈNCIES DE L'ENRIQUIMENT D'UNS QUANTS FILLS DE PUTA I, EN LLOC DE DEMANAR-LOS EXPLICACIONS, ENS CONVERTIM EN GERMANETES DE LA CARITAT. PER QUÈ COLLONS HEM DE COMPLIR NOSALTRES LA PENITÈNCIA QUE HAN DE PAGAR ELS DESGRACIATS QUE HAN PROVOCAT TOT AIXÒ?

Merlí

DESPRÉS D'AQUESTES PARAULES TAN CANYERES DEL MERLÍ, COL·LABORARIES EN CAUSES BENÈFIQUES?

La bronca del Merlí és bíblica!
Algú tindrà ganes de tornar-se a riure del perla de l'Oliver?

El sexe continua sent un tabú. Els pares no en parlen amb els fills per vergonya, i pensen que és a l'escola on us ensenyen aquestes coses... Però a l'insti sovint la informació arriba massa tard...

QUI T'HA PARLAT DE LLIBERTAT SEXUAL? ELS PARES? ELS GERMANS? ELS AMICS? ELS PROFES? O HO HAS HAGUT D'APRENDRE SOL PER INTERNET?

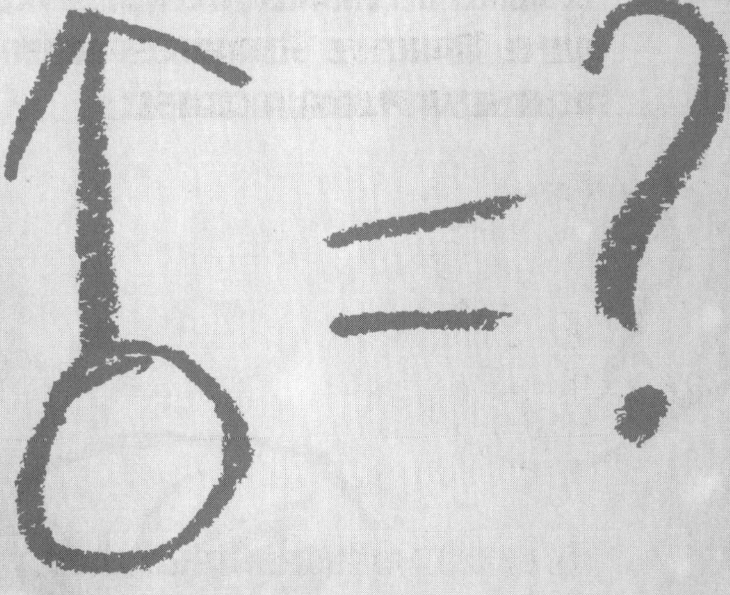

UNA DE LES COSES QUE VA FOTRE MÉS L'IVÁN QUAN ANAVA A L'INSTITUT ÉS QUE ELS PROFESSORS VEIEN QUE ALGUNS DELS SEUS COMPANYS FEIEN CONYA D'ELL I NO ELS DEIEN RES, COM SI NO SE'L PRENGUESSIN SERIOSAMENT. SI HAGUÉS TINGUT UN MERLÍ DE PROFE TOT HAURIA ESTAT DIFERENT... I SI NO, RECORDA COM EL MERLÍ DEFENSA L'OLIVER, DESPRÉS QUE EL MARC I EL GERARD ES RIGUIN DE LA SEVA PLOMA A CLASSE:

MERLÍ

Us considereu més mascles que no pas un gai? Aixequeu-vos.

(El Marc i el Gerard s'aixequen.)

MERLÍ

Ara demostreu-nos a tots que sou més homes que l'Oliver. Va, que així aprendrem de vosaltres. Va, feu gestos masculins… No en sabeu?

(Els nois no saben què fer, avergonyits.)

MARC

Vale, vale, ja ho he pillat… (Avergonyit.) No m'hauria d'haver rigut d'ell…

GERARD

Jo tampoc… però tampoc n'hi ha per a tant.

MERLÍ

Sí que n'hi ha per a tant. Si el sistema educatiu fomentés el respecte a la diversitat sexual des de petits, tot això no passaria. El problema com sempre és l'homofòbia dels adults. Que se'n vagin a la merda. (Pausa breu.) Seieu.

(S'asseuen.)

MERLÍ

(Sense cridar però molt contundent.)

Que quedi clara una cosa a tota la classe. No penso tolerar cap discriminació als companys per cap raó. Ni per ser gais, ni per ser gordos, ni per ser friquis… Si detecto qualsevol conflicte, seré implacable, i em convertiré en el vostre malson. Seré un autèntic fill de puta.

L'Iván i el Pol no poden ser més diferents... Però, tot i així, al final s'avenen. T'ha passat mai res semblant? T'has fet amic d'algú que no tenia res a veure amb tu?

T'has enamorat mai d'una persona a qui detestaves? Això també passa!

El Santi té una paciència amb el Bruno que flipes...

Quina és la persona amb més paciència que coneixes?

I la que ha tingut més paciència amb tu?

EL GERARD ESTÀ PENJADÍSSIM DE LA MÒNICA PERÒ NO SAP COM APROPAR-SE A ELLA I EL JOAN L'AJUDA. SI TU ESTIGUESSIS EN EL SEU LLOC, QUÈ DIRIES A LA PERSONA QUE T'AGRADA? QUÈ NO T'ATREVIRIES A DIR-LI?
PER QUÈ NO HO ESCRIUS AQUÍ?

--> Un consell: L'única forma de fer-ho bé és escriure-ho com si ningú hagués de llegir aquestes línies (o sí, tu ho decideixes).

El Merlí explica a la Gina que ha canviat d'opinió respecte a la recollida d'aliments gràcies a ella... Però és una mentida com una catedral! Ho fa obligat pel Toni, el director de l'institut.

Creus que és certa la dita de

«EN L'AMOR I EN LA GUERRA TOT S'HI VAL»?

Faries alguna excepció? Quina?

....

Merlí
Quina mania de creure que els alumnes no pensen per ells mateixos!

Tània
Veig que portes molt bé el tema gai

Oliver
Doncs com tu el tema hetero!

Merlí
Tinc la mania de fer el que crec que haig de fer

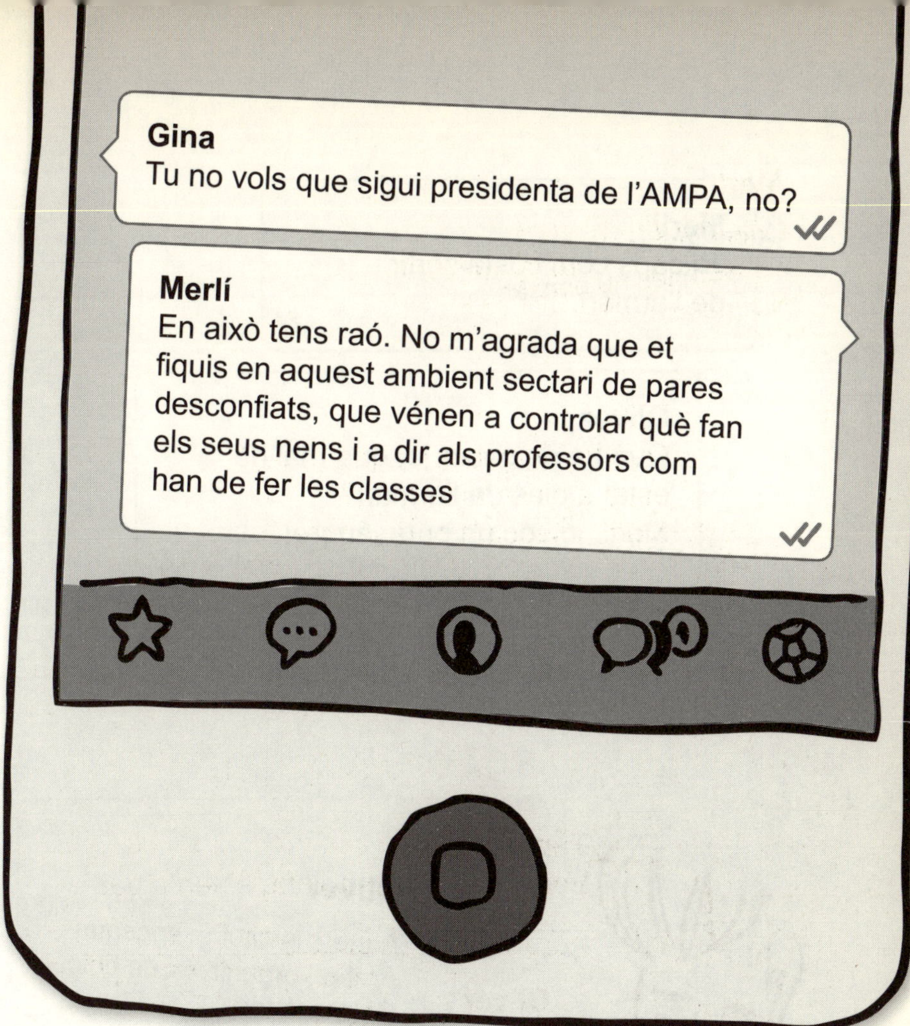

Jaume Capdevila
A partir d'ara deixaré estar el Joan…

Merlí
No, no el deixis estar… Deixa'l ser!

Merlí
Ja saps com costa sortir
de l'armari...

Oliver
Què he de saber jo, que mai he
estat a dins de l'armari?
Merlí, jo sóc un purasangre!

Oliver
Aquest institut m'encanta!
Arribo i organitzeu un boicot.
Hola què tal...

Merlí
Les bones persones també
s'equivoquen

Iván
Ets un cabró!

Merlí
Sóc un malparit que et fa espavilar

Merlí
Saps què hauries de fer, Joan? Estrenar-te, follar, fotre un kiki.

Merlí
Jo quan sento la paraula valors tremolo. Valors segons qui? Els nazis també en tenien, de valors!

Capítol 13

NIETZSCHE

Nietzsche (1844-1900) parla de la mort, concretament de la mort de Déu. Ell diu que entre tots l'hem matat perquè els homes ja no el necessitem per viure.

Fins ara hem viscut sota l'ombra d'un pare protector que ens ha dit com hem de comportar-nos, ens ha fet sentir culpables quan no hem fet bé les coses. Però ara podem trencar amb aquest pare, podem construir nous valors que no tinguin res a veure amb la idea de Déu. Per tant, podem viure com nosaltres decidim.

No som un ramat d'ovelles que hem d'obeir sempre les regles... **A LA MERDA QUALSEVOL FORMA DE SERVILISME!** Nietzsche rebutja el qui es limita a seguir la majoria, que no qüestiona res i que no té pensaments crítics.

Nietzsche dibuixa la figura del superhome, que busca noves experiències, que estima el risc, que és valent.

EL MERLÍ, COM NIETZSCHE, REIVINDICA EL FET DE NO TENIR POR DE LA DIFERÈNCIA. NI DIFERÈNCIA DE SEXE, NI DE RAÇA, NI DE LLENGUA, NI DE COSTUMS...

I TU? POTS AFIRMAR AMB ROTUNDITAT QUE NO TENS POR DE LA DIFERÈNCIA?

☐ SÍ ☐ NO

La queixa de l'espectador@:

L'espectador@
Sí, sí, molta filosofia, que si Nietzsche, que si Aristòtil, etc. Però aquesta sèrie en realitat va de qui aconsegueix follar amb qui.
Respondre · 1

El guionista
Prefereixes una sèrie només de filosofia? Jo, no. ;)
Respondre ·

SI NO POTS, ENTRENA'T!

La vida és una festa en la qual coincideixes amb molta gent. Van arribant nous convidats, però també n'hi ha d'altres que per la raó que sigui se'n van abans. A tots ens tocarà marxar algun dia, no ho oblideu.

EL PITJOR DE TOT ÉS ASSUMIR QUE LA FESTA CONTINUA SENSE NOSALTRES.

POSEM-NOS TRÀGICS: T'HAS IMAGINAT MAI COM SERIA EL MÓN QUE T'ENVOLTA I LA VIDA DE LA GENT QUE ESTÀ A PROP TEU SI NO HI FOSSIS?

T'IMAGINES EL TEU PUPITRE OCUPAT PER UNA ALTRA PERSONA?

El Bruno no va al tanatori per consolar la Glòria amb la resta de la classe, però després hi va sol i se sincera amb ella.

Al cap i a la fi, tot el que ha fet té una raó: estava amargat de tant patir dins de l'armari i ho va pagar amb el Santi.

HAS PATIT MAI EN SILENCI?
HAS AMAGAT SENTIMENTS O EMOCIONS PROFUNDES?
QUAN ESTÀS FRUSTRAT, HO PAGUEN ELS ALTRES?

És molt humà, però també és injust per als que t'envolten...
Tingues-ho en compte el proper cop!

Però ara passa-t'ho bé i pensa en quatre coses que diries injustament a:

☐ **EL TEU PARE**

☐ **UN AMIC/AMIGA**

☐ **LA PORTERA DE L'EDIFICI ON VIUS**

☐ ______________________________

Quan el Joan proposa a la Mònica de no dir res al Gerard del fet que surtin junts, què vas pensar d'ell?

- [ ] És un cabró, això no es fa a un col·lega
- [ ] Ja li toca ser feliç, al pobre!
- [ ] Ho fa per no ficar la Mònica en problemes
- [ ] Vol que ho portin d'amagat perquè així és més excitant
- [ ] Altra raó:

___

___

___

POSA EN PRÀCTICA ALGUN COP EL MÈTODE OLIVER-BRUNO PER SORTIR DE L'ARMARI, O PER DESFOGAR-TE, PER TROBAR-TE BÉ, PER SER FELIÇ. I SI ET VE DE GUST BALLAR... DONCS

FOT-LI CANYA!

Fes amb aquest espai en blanc el que et roti.

Posa el mòbil en silenci, tanca la porta i concentra't:

T'atreveixes a escriure el capítol final de «Merlí»?

Serà el «Reader's Cut»!!!

O senzillament digues què t'agradaria que passés a la sèrie.

Voldries que el Pol es liés amb la Mònica?

T'agradaria que el Marc es convertís en el protagonista de la sèrie?

Quin nou personatge t'inventaries?

Intenta convertir la sèrie en una comèdia... o en un culebrón interminable.

Estudiants
Bruno Bergeron
Tània Illa
Berta Prats
Joan Capdevila
Pol Rubio
Mònica de Villamore
Gerard Piquillem
Marc Vilaseca
Oliver Grau
Iván Blasco
Jaume Capdevila

Professors
Toni
Eugeni Bosch
Santi
Glòria
Laia
Albert
Mireia
Merlí Bergeron
miliars
Elsa García
Míriam Blasco
sonet
Carmina Calduch
Gina Castell
Iaia del Pol

Amb quin personatge de «Merlí»
t'identifiques més?
Ets el Pol Rubio de la teva classe?
Potser la Berta Prats?
Ets una barreja del Marc i del Joan?
Si és així, et diries Marc Capdevila o
Joan Vilaseca?

FES LES TEVES COMBINACIONS PER PERFILAR EL PERSONATGE AMB EL QUAL T'IDENTIFIQUES MÉS.

Quin personatge de «Merlí» series?

ens fots